ISSUE DRIVEN+

安宅和人

英治出版

はじめに

優れた知的生産に共通すること

僕がこれまでに見てきた「圧倒的に生産性の高い人」にひとつ共通していることがある。それは、彼らが「ひとつのことをやるスピードが10倍、20倍と速いわけではない」ということだ。この気づきをきっかけに「彼らは何が違うのだろう?」「知的生産の本質って何だろう?」という問いへの答えをずいぶん長い間探し求めてきた。

これまで、僕は10年以上にわたって外資系コンサルティング会社で経営コンサルタントとして働き、その途中でビジネスの世界を離れ、科学者として脳神経科学（ニューロサイエンス）の研究を行ってきた。そして、ここでもひとつ気づいたことがある。それは分野がビジネスであろうとサイエンスであろうと「本当に優れた知的生産には共通の手法がある」ということだ。

あるとき、そんな内容を個人のブログ*に書いたところ、思わぬ反響があった。ある週末の朝に書いたそのエントリに数千に及ぶブックマークがついたのだ。気軽に書いたもので、かつ内容もそう易しいものではなかったので、その反響の大きさには正直驚いた。そして、寄せられたコメントには「ようやくわかった!」「もっと詳しく聞きたい」といった内容が多くあった。このとき「こうした内容を共有することが多くの人の役に立つのかもしれない」と思ったことがこの本を書こうと思ったきっかけだ。

ちまたに「問題解決」や「思考法」をテーマとした本は溢れている。しかし、その多くがツールやテクニックの紹介で、本当に価値あるアウトプットを生み出すという視点で書かれたものは少ないように感じる。意味あるアウトプットを一定期間内に生み出す必要のある人にとって、本当に考えなければならないことは何か。この本はそのことに絞って紹介したい。

この本でもいくつかカギとなる考え方を紹介する。しかし、それは単なるノウハウではなく、本当にやるべきことを補助するための道具箱、という位置づけだ。「ロジックツリー」「MECE《ミーシー》」

＊「ニューロサイエンスとマーケティングの間」
http://d.hatena.ne.jp/kaz_ataka/

「フレームワーク」……、どれも正しく使えばとても強い力をもつツールだが、それらを知っているだけでは答えを導くことはできない。「カナヅチをもっていればすべてのものがクギに見える」という言い回しがあるが、このように目的を知らずにツールだけを使うのは危険だ。いわんや、「アウトプットとして何を生み出すことに意味があるのか」、ツールからその答えを導き出すことはできない。


では何が本当のカギなのか？

それがこの本のタイトルにある「イシュー」だ。


「イシューとは何か」。それについてはこの本を通してじっくり説明していくが、実際のところ、「何に答えを出すべきなのか」についてブレることなく活動に取り組むことがカギなのだ。

イシューを知り、それについて考えることでプロジェクトの立ち上がりは圧倒的に速くなり、混乱の発生も予防できる。目的地の見えない活動はつらいが、行き先が見えれば力が湧く。つまり、知的な生産活動の目的地となるものがイシューなのだ。

このイシューが僕らの行う知的生産において、どんな役割を果たし、どのように役立つのか。イシューをどのように見分け、どう扱っていくのか、本書を通してそれを説明できればと思う。

「知的生産って、そもそも何をやることだろう?」

「論文を書くって、そもそも何から考えることなんだろう?」

「問題解決のプロジェクトって、どう進めていくんだろう?」

ビジネスパーソンであれ科学者であれ、「毎日の仕事や研究で発生する問題の本質がどうもつかめない」ともやもやしている人に何らかのヒントとなれば、そう願っている。

悩まない、悩んでいるヒマがあれば考える

「〈考える〉と〈悩む〉、この2つの違いは何だろう?」

僕はよく若い人にこう問いかける。あなたならどう答えるだろうか?

僕の考えるこの2つの違いは、次のようなものだ。
「悩む」=「答えが出ない」という前提のもとに、「考えるフリ」をすること
「考える」=「答えが出る」という前提のもとに、建設的に考えを組み立てること
この2つ、似た顔をしているが実はまったく違うものだ。

「悩む」というのは「答えが出ない」という前提に立っており、いくらやっても徒労感しか残らない行為だ。僕はパーソナルな問題、つまり恋人や家族や友人といった「もはや答えが出る・出ないというよりも、向かい合い続けること自体に価値がある」という類いの問題を別にすれば、悩むことには一切意味がないと思っている（そうは言っても悩むのが人間だし、そういう人間というものが嫌いではないのだが……）。

特に仕事（研究も含む）において悩むというのはバカげたことだ。
仕事とは何かを生み出すためにあるもので、変化を生まないとわかっている活動に時間を使うのはムダ以外の何ものでもない。これを明確に意識しておかないと「悩む」ことを「考える」ことだと勘違いして、あっという間に貴重な時間を失ってしまう。

僕は自分の周りで働く若い人には「悩んでいると気づいたら、すぐに休め。悩んでいる自分を察知できるようになろう」と言っている。「君たちの賢い頭で10分以上真剣に考えて埒《らち》が明かないのであれば、そのことについて考えることは一度止めたほうがいい。それはもう悩んでしまっている可能性が高い」というわけだ。一見つまらないことのように思えるかもしれないが、

「悩む」と「考える」の違いを意識することは、知的生産に関わる人にとってはとても重要だ。ビジネス・研究ですべきは「考える」ことであり、あくまで「答えが出る」という前提に立っていなければならない。

「悩まない」というのは、僕が仕事上でもっとも大事にしている信念だ。これを伝えた若い人たちを見ていると、この本当の意味がわかって実践に入るまでに1年程度かかることが多い。しかし、その後は「アタカさんから教わったことのなかでこれがいちばん深いですね」と言われることが多い。

ニューロサイエンスとマーケティングの間

著者である僕という人間について多少知っていただくと、この本についても理解しやすいと思う。簡単に自己紹介をさせてほしい。

僕は、これまで経営コンサルティング会社・マッキンゼーでコンサルタントとして足掛け11年ほど働き、消費者マーケティングの分野を専門としてきた。途中からは社内で新人コンサルタントに対する教育係となり、問題解決やチャートの書き方などを教えていた。

マッキンゼーに入ったのは本当に偶然のきっかけだった。

僕は子どもの頃から科学者になりたくて、高校生の頃から関心事の中心は「人のパーセプション（知覚）」だった。「どうして人は同じ経験をしても同じように感じないんだろう？」といったことに興味があり、そうした問いへの答えを探すために大学院に進み、脳神経系のＤＮＡを使った研究をしていた。しかし、やがて「ＤＮＡばかり見ていて自分の求める答えに到達できるのだろうか？」という疑問を抱きはじめた。そんな頃、たまたま大学生協の掲示板でリサーチャー（インターンに近いもの）を募集するマッキンゼーの求人を見つけ、応募した。

「変人（僕）」と「変わった会社（マッキンゼー）」で相性が合ったのか、無事面接を通過、働きはじめてすぐにマッキンゼーの体系的に整理された問題解決手法に感銘を受けた。自分の目指す科学の世界とも近いものを感じ、仕事の面白さも手伝って博士課程に進むのを止め、大学院を出たあとはそのまま働くことにした。

消費者マーケティングという、僕の関心事である「人の知覚」に密接に関連する領域に出会えたこともラッキーだった。脳そのものでないにしろ、人の知覚がどんなものに揺さぶられているかについて、リアルな人間を相手にみっちり向かい合うことができたからだ。

刺激的な日々を送りながらも、「科学の世界に戻りたい」という気持ちはずっとあった。学位を取らないままでは一生後悔すると思い、入社4年目に一念発起、大学に戻る準備をはじめ、大学時代の恩師の薦めもあって米国の大学院に進むことにした。変わった経歴が効いたのか、脳神経科学、特に生理学の分野で有名なイェール大学に潜り込むことに成功し、マッキンゼーを退職した。

大学院では、英語と（追い出されないための）成績維持に苦労したが、それ以上に大変だったのがラボ（研究室）選びだった。「ローテーション」といって最低3つのラボに各1学期以上在籍して研究するシステムになっているのだが、学位を取るための研究をしようと思っていた3つめのラボの指導教官とケンカをして、そこを飛び出してしまったのだ。

すでに留学してから2年半ほどが経っていた。なんとか学位を取ろうと再度大学を行脚した結果、指導者としては未知だが希望溢れる新人教官のラボに入った。ここでリスクの高いテーマに挑戦し、一発逆転に成功。研究開始から1年後に、教授陣のコミティー（学位審査委員会）から「You are done!（もう出ていいですよ！）」という言葉をもらい、論文を書き上げて学位を取得した。平均6～7年かかる学位取得を3年9カ月で乗り切ったのは、半分は運だが残り半分はマッキンゼーで叩き込まれた思考・問題解決のスキルが大きく役立ったことは間違いない。

そのままずっと科学者として生きていくつもりだったが、人生はわからない。

2001年9月11日、米国同時多発テロ事件が起きた。当時、僕はマンハッタンから車で30分ほどの街に住んでいた。車に乗ってマンハッタンに続く橋を渡ると、見慣れたはずのツインタワーが跡形もない。電車に乗れば誰かが泣き出し、つられてほかの乗客も泣き出す。それまで想定したことのない異様な日々にすっかり神経が参ってしまった。家族がいたこともあって帰国を決め、マッキンゼーに復帰することにした。再びマーケティングの世界に戻り、並行して社内教育にも関わる日々となったが、2008年に縁あってヤフーに転職し、さまざまな経営課題に携わるかたわらで新たな顧客視点でのサービス創出を狙っている。

ちょっと長くなったが、僕のバックグラウンドはこんなところ。科学者とコンサルタント、そしてビジネスの現場という不思議な経験のミックスのなかで学んできたことのうち、本当に重要なエッセンスを皆さんにお伝えできれば、と思っている。

それでは、はじめよう！

●編集部注

本書は改訂版である。旧版は2010年12月に発行。
2024年9月の改訂版の発行に際し、全文を改めて推敲し、主に以下の箇所を修正・追加した。

p94-98　アプローチ④「So what?」を繰り返す（修正）
p100-107　[column] 課題解決の2つの型（追加）
p253-263　なぜ今『イシューからはじめよ』なのか（追加）
p264-267　改訂版あとがき（追加）

なお、本文に登場する科学者などの所属や肩書きは、2010年発行の旧版のままである。

イシューからはじめよ
［改訂版］

目次

ISSUE DRIVEN

第2章

仮説ドリブン①——イシューを分解し、ストーリーラインを組み立てる

第3章 仮説ドリブン②——ストーリーを絵コンテにする

chapter ISSUE DRIVEN

0 序章 この本の考え方——脱「犬の道」

1 イシュードリブン
「解く」前に「見極める」

2 仮説ドリブン①
イシューを分解し、ストーリーラインを組み立てる

3 仮説ドリブン②
ストーリーを絵コンテにする

4 アウトプットドリブン
実際の分析を進める

5 メッセージドリブン
「伝えるもの」をまとめる

一人の科学者の一生の研究時間なんてごく限られている。研究テーマなんてごまんとある。ちょっと面白いなという程度でテーマを選んでいたら、本当に大切なことをやるひまがないうちに一生が終ってしまうんですよ。

——利根川進

利根川進：生物学者、1987年ノーベル生理学・医学賞受賞
『精神と物質—— 分子生物学はどこまで生命の謎を解けるか』
利根川進・立花隆 共著、文藝春秋

常識を捨てる

この本で紹介する「イシューからはじめる」という考え方は、世の中一般の考え方とは異なるところが多々あると思う。何よりも大切なのは、「一般常識を捨てる」ということだ。以下、この本の考え方として代表的なものを挙げてみた。今は「?」と思われるかもしれないが、一通り読んで実践したあとには、きっと納得してもらえることと思う。

- 「問題を解く」より「問題を見極める」
- 「解の質を上げる」より「イシューの質を上げる」
- 「知れば知るほど知恵が湧く」より「知り過ぎるとバカになる」
- 「1つひとつを速くやる」より「やることを削る」
- 「数字のケタ数にこだわる」より「答えが出せるかにこだわる」

文の前半が一般的な考え方、後半がこの本で紹介する「イシューからはじめる」考え方だ。単に「生産性向上のために効率を重視する」というアプローチ、いわゆる「ライフハック」と言われるものとは焦点が異なることを理解いただければと思う。

バリューのある仕事とは何か

生産性を上げるために最初に考えるべきは、そもそも「生産性」とは何かということだ。ウェブ上のフリー百科事典「ウィキペディア」では、「経済学で、生産活動に対する生産要素（労働・資本など）の寄与度のこと。あるいは資源から付加価値を生み出す際の効率の程度のこと」とあるが、これでは何のことやらさっぱりわからない。

この本で言うところの「生産性」の定義は簡単で、「どれだけのインプット（投下した労力と時間）で、どれだけのアウトプット（成果）を生み出せたか」ということだ。数式で表現すれば、図1のようになる。

生産性を上げたいなら、同じアウトプットを生み出すための労力・時間を削り込まなければならない。あるいは、同じ労力・時間でより多くのアウトプットを生み出さ

図1　生産性の公式

$$\text{生産性} = \frac{\text{アウトプット}}{\text{インプット}} = \frac{\text{成果}}{\text{投下した労力・時間}}$$

なければならない。ここまでは自明のことだと思う。
では、「多くのアウトプット」とは何だろうか？　言い換えれば、ビジネスパーソンであればきっちりと対価がもらえる、研究者であれば研究費をもらえるような「意味のある仕事」とは何だろうか？

僕のいたコンサルティング会社では、こうした意味のある仕事のことを「バリューのある仕事」と呼んでいた。プロフェッショナルにとって、これを明確に意識することが大切だ。プロフェッショナルとは、特別に訓練された技能をもつだけでなく、それをベースに顧客から対価をもらいつつ、意味あるアウトプットを提供する人のことだ。つまり、「バリューのある仕事とは何か」という問いへの答えがわからなければ、生産性など上げようがないのだ。

1分ほど時間をとって、落ちついて考えてもらいたい。

プロフェッショナルにとって、バリューのある仕事とは何か？

どうだろうか？
僕はこれまで、多くの人にこの問いを投げかけてきた。だが、明瞭な答えが出ることは多くなかった。よくある答えは、

●質の高い仕事
●丁寧な仕事
●ほかの誰にもできない仕事
といったものだ。


これらは正しい面もあるが、本質を突いたものとは言えない。

「質の高い仕事」というのは、「バリュー」を「質」に言い換えているだけだ。では「質」とは何か、という同じような問いに戻ってしまう。「丁寧な仕事」というのも、「丁寧であればどんな仕事でもバリューがある」と言ったら、多くの人は違和感をもつことだろう。最後の「ほかの誰にもできない仕事」というのは一見正しいように思えるが、もう少し考えてみよう。「誰にもできない仕事」というのは、通常の場合、ほとんど価値をもたない仕事だ。価値がないからこそ、誰もやってこなかったのだ。

「質の高い・丁寧・誰にもできない」といった答えは、問いの本質の半分にも達していない。

「バリューのある仕事とは何か」

僕の理解では、「バリューの本質」は2つの軸から成り立っている。

ひとつめが、「イシュー度」であり、2つめが「解の質」だ。前者をヨコ軸、後者をタテ軸にとったマトリクスを描くと、図2のようになる。

「イシュー」という言葉は本書の「はじめに」でも出てきたが、あまり聞いたことがない人もいるだろう。「イシュー」で検索しても日本語ではほとんど説明がないが、英語の「issue」で検索すると定義がたくさん出てくる。僕の言うところのイシューは、図3のような定義があてはまる。

AとB両方の条件を満たすものがイシューとなる。

図2　バリューのマトリクス

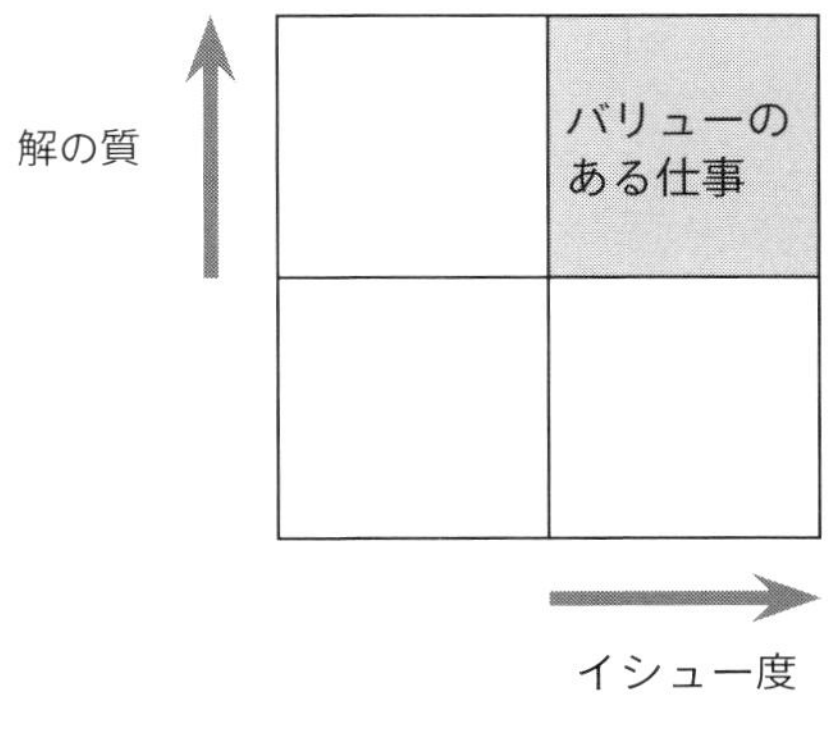

図3　issueの定義

A）a matter that is in dispute between two or more parties
2つ以上の集団の間で決着のついていない問題

B）a vital or unsettled matter
根本に関わる、もしくは白黒がはっきりしていない問題したがって、僕の考える「イシュー度」とは「自分の置かれた局面でこの問題に答えを出す必要性の高さ」、そして「解の質」とは「そのイシューに対してどこまで明確に答えを出せているかの度合い」となる。

前頁の図2のマトリクスに戻ると、この右上の象限に入るものが「バリューのある仕事」であり、右上に近づくほどその価値は上がる。バリューのある仕事をしようと思えば、取り組むテーマは「イシュー度」と「解の質」が両方高くなければならない。問題解決を担うプロフェッショナルになろうとするなら、このマトリクスをいつも頭に入れておくことが大切だ。

多くの人は、マトリクスのタテ軸である「解の質」が仕事のバリューを決める、と考えている。そして、ヨコ軸である「イシュー度」、つまり「課題の質」についてはあまり関心をもたない傾向がある。だが、本当にバリューのある仕事をして世の中に意味のあるインパクトを与えようとするなら、あるいは本当にお金を稼ごうとするなら、この「イシュー度」こそが大切だ。

なぜなら、「イシュー度」の低い仕事はどんなにそれに対する「解の質」が高かろうと、受益者（顧客・クライアント・評価者）から見たときの価値はゼロに等しいからだ。

踏み込んではならない「犬の道」

では、どうやったら「バリューのある仕事」、つまり、マトリクスの右上の領域の仕事ができるのだろうか？ 仕事や研究をはじめた当初は誰しも左下の領域からスタートするだろう。

ここで絶対にやってはならないのが、「一心不乱に大量の仕事をして右上に行こうとする」ことだ。「労働量によって上にいき、時計回りで右上に到達しよう」というこのアプローチを僕は「犬の道」と呼んでいる（図4）。

ここは大事なところなので、じっくり読んでほしい。

世の中にある「問題かもしれない」と言われていることのほとんどは、実はビジネス・研究上で本当に取り組む

図4　犬の道

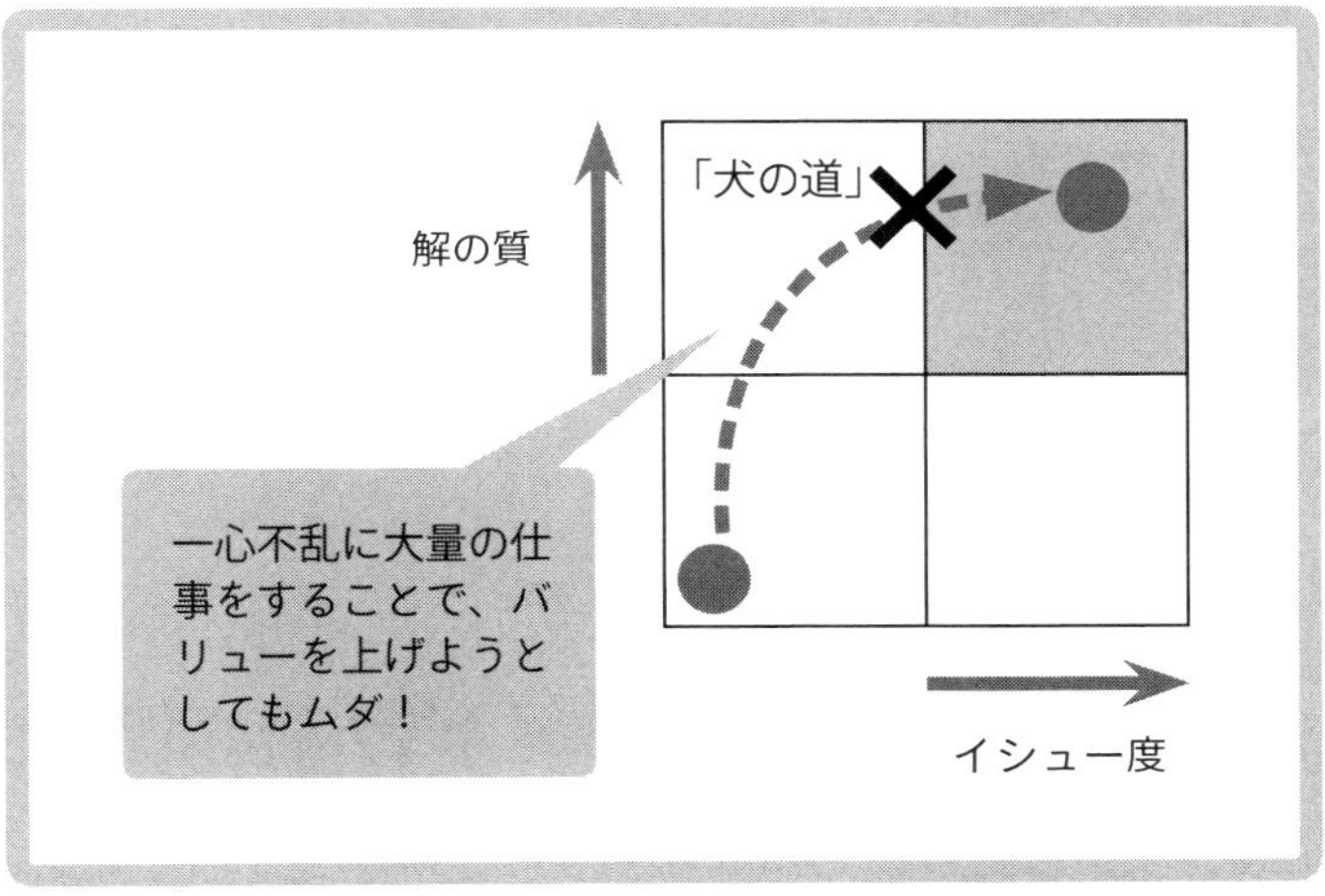

必要のある問題ではない。世の中で「問題かもしれない」と言われていることの総数を100とすれば、今、この局面で本当に白黒をはっきりさせるべき問題はせいぜい2つか3つくらいだ。

マトリクスのヨコ軸である「イシュー度」の低い問題にどれだけたくさん取り組んで必死に解を出したところで、最終的なバリューは上がらず、疲弊していくだけだ。この「努力と根性があれば報われる」という戦い方では、いつまで経っても右上のバリューのある領域には届かない。

もうひとつの変数であるタテ軸、すなわち「解の質」についても考えてみよう。

これも仕事をはじめたばかりの頃はおおむね低いところにあるだろう。これまで多くの人の成長を見てきたが、当初の段階では100の仕事のうちひとつか2つぐらいしか成果に結びつかないことが多い。

僕もそうだった。マッキンゼーで働きはじめた最初のプロジェクトを思い起こすと、毎日大量の分析をし、10〜20枚程度のチャート（図表）を書いた。数カ月のプロジェクト期間で500枚ほどのチャートを書いたが、最終報告に入ったのは5枚だけだった。「最終的なアウトプットに結びついた率」を考えると1％だ。この場合、ヨコ軸の「イシュー度」は上司によって厳選されていたので、自分で取り組んだタテ軸の「解の質」が歩留まり1％だった、ということだ。

したがって、何も考えずにがむしゃらに働き続けても、「イシュー度」「解の質」という双方の軸の観点から「バリューのある仕事」まで到達することはまずない。双方の軸が1％程度の成功率なのだから、それが合致する確率は0．01％、つまり1万回に1回程度しかまともな仕事は生まれない、という計算になる（図5）。

これでは永遠に「バリューのある仕事」は生み出せないし、変化を起こすこともできない。ただ徒労感が残るだけだ。しかも、多くの仕事を低い質のアウトプットで食い散らすことで、仕事が荒れ、高い質の仕事を生むことができなくなる可能性が高い。つまり「犬の道」を歩むと、かなりの確率で「ダメな人」になってしまうのだ。

図5　訓練されていない状態での「イシュー度」と「解の質」の分布イメージ

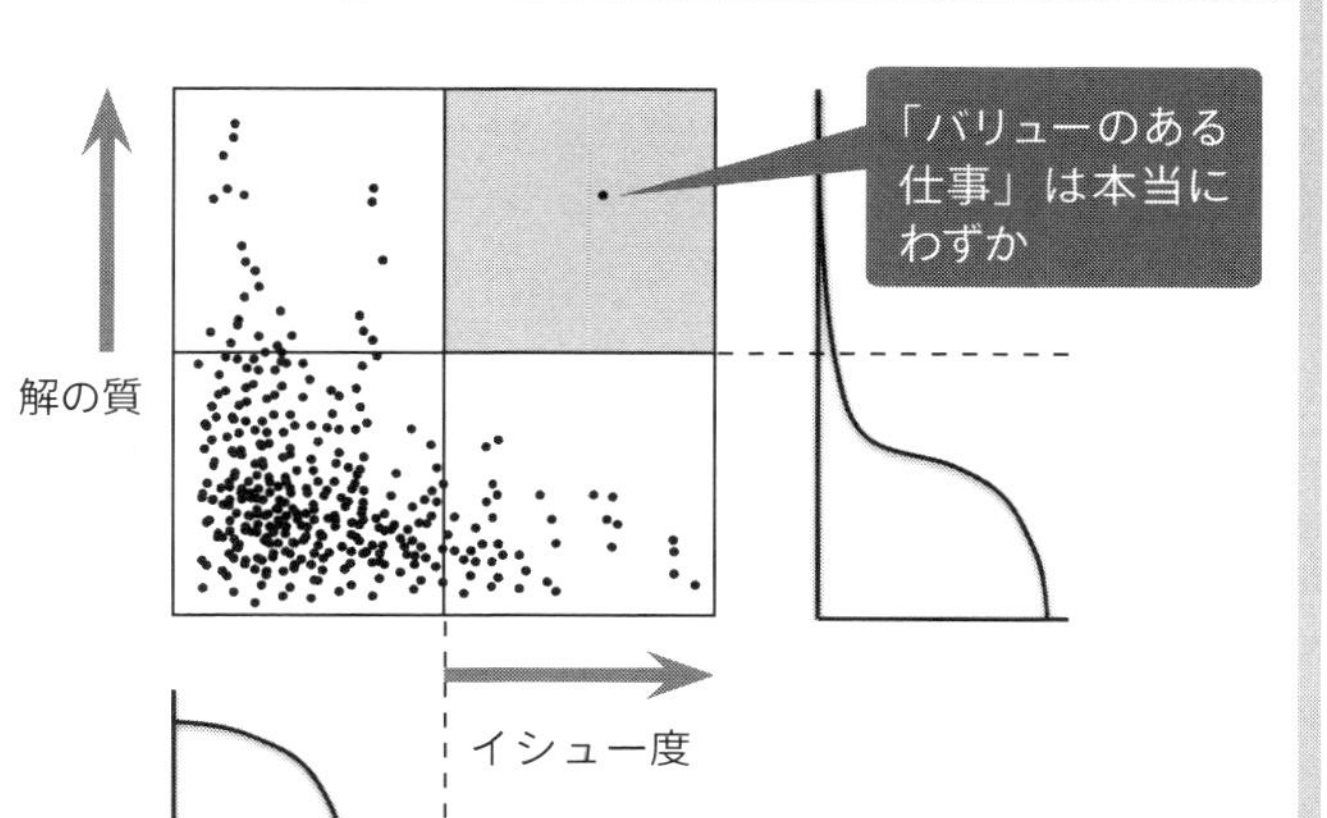

100歩譲って、あなたが人並みはずれた体力と根性の持ち主で、「犬の道」を通っても成長できたとしよう。だが、その後、あなたはそのやり方でしか部下に仕事を教えることができなくなってしまう。つまり、リーダーとしては大成できない。というわけで、単なる努力で、右上の「バリューのある仕事」の領域に行けることはほぼあり得ないし、この道を歩むことはあなたの将来のリーダーとしての芽を摘む行為でもある。

本当に右上の領域に近づこうとするなら、採るべきアプローチは極めて明快だ。まずはヨコ軸の「イシュー度」を上げ、そののちにタテ軸の「解の質」を上げていく。つまりは「犬の道」とは逆の反時計回りのアプローチを採ることだ。まず、徹底してビジネス・研究活動の対象を意味のあること、つまりは「イシュー度」の高い問題に絞る。

いきなり核となる問題に絞り込むことはできなくても、10分の1程度に絞り込むことはできるはずだ。仕事をはじめたばかりでこの判断ができないなら、自分の上司なり研究室の指導教官なりに聞けばよい。「自分が思いついた問題のなかで、本当に今答えを出す価値のあるものは何でしょうか」と。通常この判断ができるのが上司であり指導教官のはずだ。これでひとつの問題に投下できる時間は簡単に10〜20倍になる。

次に、絞り込まれたなかで特に「イシュー度」の高い問題から手をつける。この場合、「解きやすさ」「取り組みやすさ」といった要因に惑わされてはならない。あくまで「イシュー度」の高い問題からはじめる。

訓練されていない状態でのアウトプットは図5（29頁）のように分布しているため、「解の質」を上げるためには、まず個々のイシューに対して十分な検討時間を確保することが必要だ。

僕もそうだったが、最初は「質が低い」「必要なレベルに到達していない」と言われても、その意味が実感できないものだ。だが、絞り込んだイシューについて検討・分析を繰り返し行うことで、数十回に1度程度はよいものができる。よい仕事をし、周囲からよいフィードバックを得ることで、はじめて人は「解の質」を学ぶことができる。成功体験を重ね、だんだんとコツをつかむなかで、10回に1度、5回に1度と一定レベルを超えた〝使える〟解を生み出せる確率が上がっていく。

もうおわかりだろう。このアプローチのためには、どうしても最初のステップ、すなわち「イシュー度」の高い問題を絞り込み、時間を浮かせることが不可欠なのだ。「あれもこれも」とがむしゃらにやっても成功はできない。死ぬ気で働いても仕事ができるようにはならないのだ。

「とりあえず死ぬまで働いてからものを言え」といった思想は、この「イシューからはじめる」世界では不要であり害悪だ。意味のない仕事を断ち切ることこそが大切なのだ。

うさぎ跳びを繰り返してもイチロー選手にはなれない。「正しい問題」に集中した、「正しい訓練」が成長に向けたカギとなる（図6）。

「圧倒的に生産性の高い人」のアプローチ

「バリューのある仕事」の本質について理解したところで、次にそれを生み出すプロセスについて考えてみたい。つまり、圧倒的に生産性の高い人は問題にどう取り組んでいるのか、ということだ。

まず、何も考えずにビジネスや研究を行うとどうなるのかを考えてみよう。

図6　脱「犬の道」

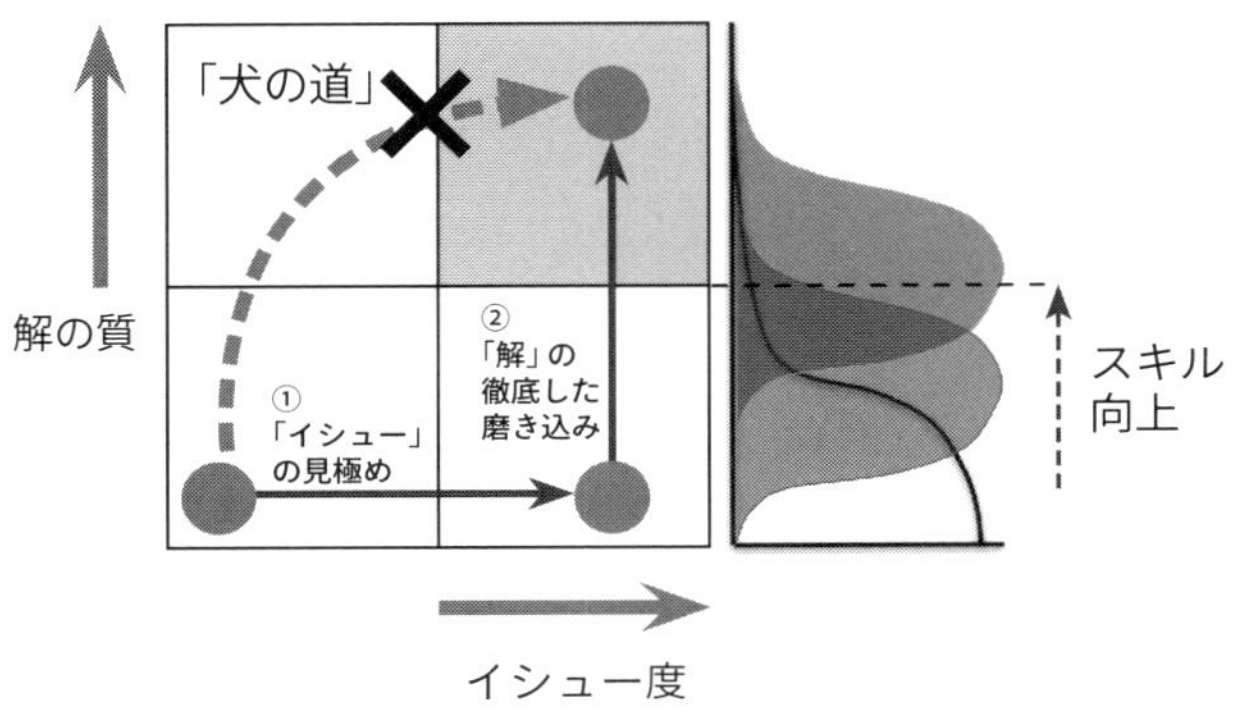

月曜日から金曜日までの5日間で、あるテーマについてまとめる必要があるとする。すると、よくこんなことが起こらないだろうか？

月曜……やり方がわからずに途方にくれる
火曜……まだ途方にくれている
水曜……ひとまず役立ちそうな情報・資料をかき集める
木曜……引き続きかき集める
金曜……山のような資料に埋もれ、再び途方にくれる

では、圧倒的に生産性の高い、すなわち「イシューからはじめる」アプローチではどうなるだろうか。1週間でアウトプットを出さなければならないケースなら、次頁の図7のように作業を割り振る。カッコ内はこの本で説明する章立てだ。

図7　「イシューからはじめる」アプローチ

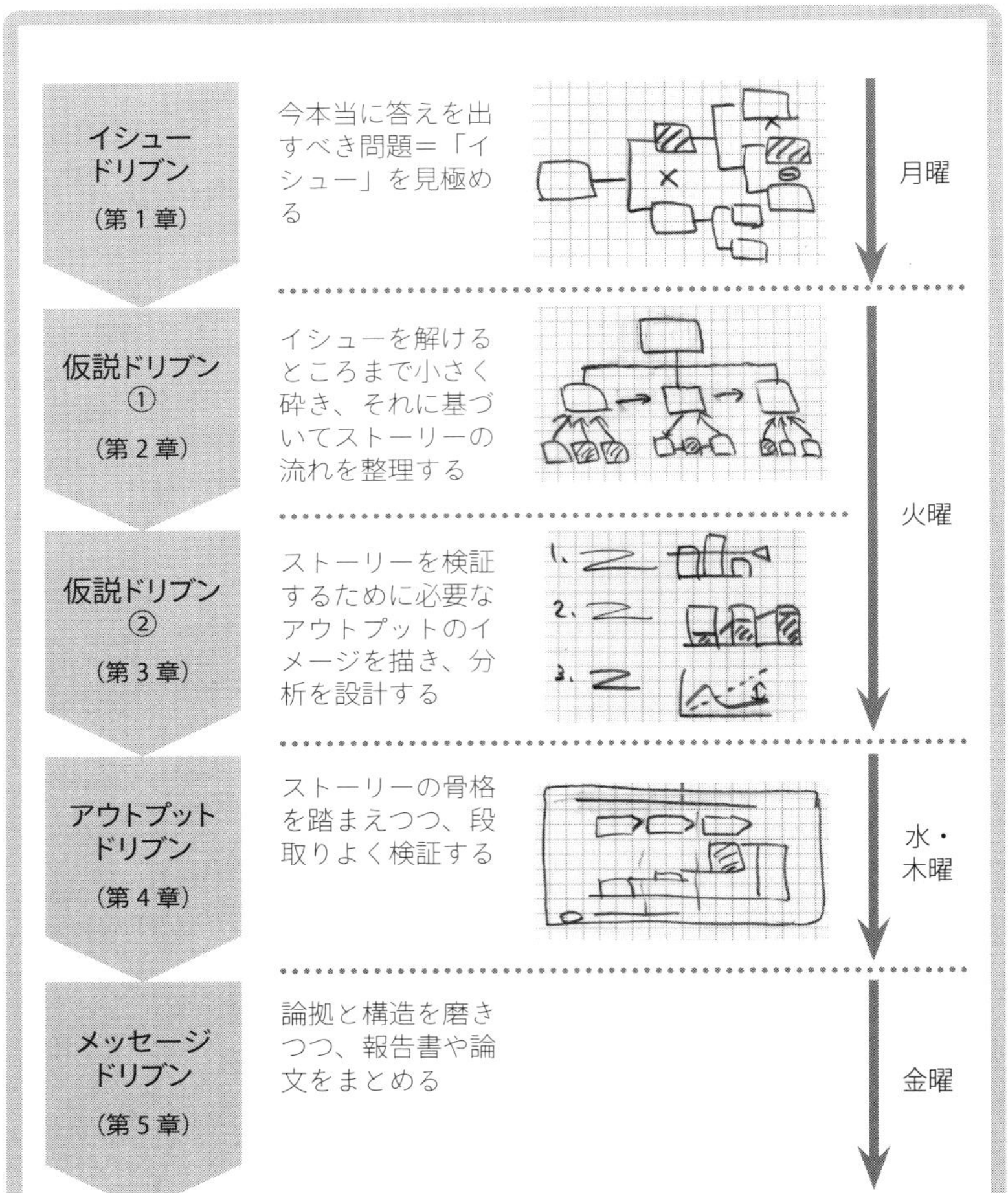

とはいえ、どれほど経験を積んでも、これを一回しするだけでいきなりレベルの高いアウトプットを生み出すことは難しい。大事なのは、このサイクルを「素早く回し、何回転もさせる」ことだ。これが生産性を高めるカギとなる。一度サイクルを回して一段深い論点が見えてくれば、それをベースにして再度サイクルを回す。

根性に逃げるな

僕自身の体験を踏まえ、一緒に仕事をする若い人によくするアドバイスがもうひとつある。それは「根性に逃げるな」ということだ。

労働時間なんてどうでもいい。価値のあるアウトプットが生まれればいいのだ。たとえ1日に5分しか働いていなくても、合意した以上のアウトプットをスケジュールどおりに、あるいはそれより前に生み出せていれば何の問題もない。「一所懸命にやっています」「昨日も徹夜でした」といった頑張り方は「バリューのある仕事」を求める世界では不要だ。最悪なのは、残業や休日出勤を重ねるものの「この程度のアウトプットなら、規定時間だけ働けばよいのでは」と周囲に思われてしまうパターンだ。

かくいう僕も、働きはじめたばかりの20代の頃はフラフラになるまでやらないと仕事をした気になれず、ずいぶん時間をムダにした。体力に余裕があるときにはそうした働き方も気持ちがよい面もあるが、結局、それは自己満足に過ぎず、自分の体力の限界を学ぶ作業にしかならない。成長は意味あるアウトプットをきっちりと出すことからしか得られない。バリューのある仕事をし続け、その質を保てるのであれば「仕事に手を抜く」こともまったく問題ではない。人に聞けば済むことはそうすればよいし、今よりも簡単な方法でできるのであれば、そうするべきだ。

このように時間ベースで考えるのかアウトプットベースで考えるのかが「労働者《レイバラー》（laborer）」と「ワーカー」の違いであり、もっと現代的な言葉では「サラリーマン」と「ビジネスパーソン」、さらには「ビジネスパーソン」と「プロフェッショナル」の違いでもある。

本来は主に肉体労働者を示すレイバラーは、特定作業のための拘束時間に対して給料をもらうことを示す言葉だ。時間ベースで給料をもらうサラリーマンは言葉こそ現代的だが、その意味するところのかなりの部分はレイバラーと同じだ。サラリーマンという言葉に伴う概念に「残業・ベア交渉」があるが、これらの概念もほぼレイバラーと共通する。

ビジネスパーソンというのは、会社に雇われてはいるが、マネジメントや自分の仕事に関わる「ハンドルを握る側の人」というのが本来の意味だ。勤怠管理はあっても、本質的には労働時間ではなく、マネジメント活動と日々のビジネス活動を通じたアウトプットにコミットし、そこで評価される。

そしてプロフェッショナルは、特定の訓練に基づく体系的なスキルをもち、それをベースに特定の価値の提供にコミットし、特定の顧客から報酬を得ている人だ。提供しているものはあくまで顧客への価値であり、時間あたりで課金を行う弁護士やコンサルタントであっても、対価は個々人のスキルレベル、すなわちそれぞれの存在がもたらす価値の大きさで相当に変わる。

「限界まで働く」「労働時間で勝負する」というのは、ここでいうレイバラーの思想であり、この考えでいる限り、「圧倒的に生産性が高い人」にはなれない。この章の冒頭で書いたとおり「同じ労力・時間でどれだけ多くのアウトプットを出せるか」というのが生産性の定義なのだ。

プロフェッショナルとしての働き方は、「労働時間が長いほど金をもらえる」というレイバラー、あるいはサラリーマン的な思想とは対極にある。働いた時間ではなく、「どこまで変化を起こせるか」によって対価をもらい、評価される。あるいは「どこまで意味のあるアウトプットを生み出せるか」によって存在意義が決まる。そんなプロフェッショナル的な生き方へスイッチを入れることが、高い生産性を生み出すベースになる。

column

「噛みしめる」ことを大切にしよう

表層的な論理思考に陥っていないか

ここ数年、「頭はよいが、反応がデジタル的で深みがない」と感じる人に会うことが増えた。すべてのことを単なる表層的な情報としてそのまま処理しているような印象を受ける人だ。これらの人は、仕事は素早くこなすし、受け答えも明快だ。だが、話をしていると「きちんと理解し合っているのだろうか」という不安を感じる。理解・共感する力があまりにも低いように思えるのだ。

僕がそう指摘すると、相手は真顔で「何を言われているのかわからないので説明してください」と言う。僕はそのたびに説明する。こうしたことを1000回繰り返せば、そのなかの何回かは意味のある変化につながるかもしれない、と思うからだ。

「自分の頭でものを考える」

基本的な知性をもつ人が正しい訓練をすれば、これ自体はそれほど難しいことではない。何事も受身にならず、自分の目で確かめたことを基に世界観をつくり上げていけばいい。ただ、情報1つひとつの重さや重層性、関連性を認識していないと、必ずどこかで困難にぶちあたる。

論理だけに寄りかかり、短絡的・表層的な思考をする人間は危険だ。

世の中には「ロジカル・シンキング」「フレームワーク思考」などの問題解決のツールが出回っているが、問題というものは、残念ながらこれらだけでは決して解決しない。問題に立ち向かう際には、それぞれの情報について、複合的な意味合いを考え抜く必要がある。それらをしっかりつかむためには、他人からの話だけではなく、自ら現場に出向くなりして一次情報をつかむ必要がある。そして、さらに難しいのは、そうしてつかんだ情報を「自分なりに感じる」ことなのだが、この重要性について多くの本ではほとんど触れられていない。

「一次情報を死守せよ」というのは、私の大先輩が授けてくれた珠玉の教えのひとつだ。

現場で情報に接するときに、どこまで深みのある情報をつかむことができるか、それはその人のベースになっている力そのものだ。その人の判断尺度、あるいはメタレベルのフレームワークの構築力が問われ、ここは一朝一夕で身につくものではない。知能や学歴は高いが、知性を感じない人が妙に多いのは、この力の重要性が忘れられているためなのではないかと思う。

「深い理解」にはそれなりの時間が必要

脳は脳自身が「意味がある」と思うことしか認知できない。そしてその「意味がある」と思うかどうかは、「そのようなことが意味をもつ場面にどのくらい遭遇してきたか」によって決まる。

有名な実験に「生まれたばかりの猫をタテ縞しかない空間で育てると、その猫はヨコの線が見えなくなる」というものがある。その結果、その猫を四角いテーブルにのせると、ヨコ線である端が見えないのでテーブルから落ちてしまう。これは、これまで処理してきた情報が脳の回路形成そのものに影響を与えたケースだが、そもそも脳にとって「特定の情報処理ができる」ということは、「特定の意識が起きる」ことであり、それはすなわち「特定のことに関する情報処理回路が活性化している」ことに近い。

たとえば、ある商品の戦略づくりをするときであれば、市場や競合の情報だけでなく、モノづくりの行程・資材の調達・物流・販売などについても具体的にイメージし、さらには変化を起こしたときの影響までを推定する力がなければ正しい判断はできない。問題解決の場面では、組織の歴史的経緯や力学を知ることも不可欠だろう。そして、これらの素養を身につけるためにはそれなりの年月が必要となる。これは科学の研究についても同様だ。現在わかっていること、最近の発見とその意味合いなど、対峙する問題を深いコンテキスト（文脈）に沿って理解できるか、それが最初の勝負どころとなる。

この本の読者の皆さんには、情報を噛みしめる人、つまりはさまざまな意味合い、価値、重さを正しく理解できる人であってほしいと思う。そして、表面的な論理だけで「考えたフリ」をする人にならないよう、心がけてほしいと思う。

column

chapter

ISSUE DRIVEN

フェルミは数学にも長けていた。必要とあれば複雑な数学を駆使することもできたが、まずはその必要があるかどうか確かめようとした。最小限の努力と数学的道具で結果へたどり着く達人だった。

——ハンス・ベーテ

ハンス・ベーテ：米国の物理学者、1967年ノーベル物理学賞受賞
エンリコ・フェルミ：イタリア出身の物理学者、1938年ノーベル物理学賞受賞
『物理学天才列伝（下）』ウィリアム・H・クロッパー著、水谷淳 訳、講談社

イシューを見極める

序章で紹介した「犬の道」に入らないためには、正しくイシューを見極めることが大切だ。いろいろな検討をはじめるのではなく、いきなり「イシュー（の見極め）からはじめる」ことが極意だ。つまり、「何に答えを出す必要があるのか」という議論からはじめ、「そのためには何を明らかにする必要があるのか」という流れで分析を設計していく。分析結果が想定と異なっていたとしても、それも意味のあるアウトプットになる確率が高い。「そこから先の検討に大きく影響を与えること」に答えが出れば、ビジネスでも研究でも明らかな進歩となるからだ。

問題はまず「解く」ものと考えがちだが、まずすべきは本当に解くべき問題、すなわちイシューを「見極める」ことだ。ただ、これは人間の本能に反したアプローチでもある。詳細がまったくわからない段階で「最終的に何を伝えようとするのかを明確に表現せよ」と言われたら、きちんとものを考える人であればあるほど生理的に不愉快になるだろう。よって、「やっているうちに見えてくるさ」と成り行きまかせが横行するが、（多くの人が経験しているとおり）これこそがムダが多く生産性の低いアプローチだ。あるいは「やらなくてもわかっている」とイシューを見極めるステップを飛ばすことも同じように失敗のもとだ。

「これは何に答えを出すためのものなのか」というイシューを明確にしてから問題に取り組まなければあとから必ず混乱が発生し、目的意識がブレて多くのムダが発生する。ビジネスであれ研究であれ、1人で取り組むことはほとんどないだろう。チーム内で「これは何のためにやるのか」という意思統一をし、立ち返れる場所をつくっておく。一度で十分でない場合は何度でも議論する。これはプロジェクトの途中でも同様だ。生産性が下がってきたときには、チーム全体でイシューの意識合わせを行う。基本に立ち返って、「そもそもこれは何に答えを出すプロジェクトだったのか」ということを整理する。そして、それがその時点でもメンバーを奮い立たせるものであるか、全員の理解がブレていないかを再確認する。

相談する相手をもつ

仕事や研究の経験が浅い段階では、このイシューの見極めを1人でやることはお勧めできない。「これが検証できればすごいだろう」というアイデアはいくらでも出るだろうが、「それは本当に受け手にとってインパクトがあるのか」というのは、その領域についてよほど詳しくない限りわからないからだ。また、自分の言いたいことを証明するために、どのような分析や検証が必要になるかもわからないだろう。また、仮にそこまでわかったとしても、実際に説得力あるかたちで検証できる手段をもっていなければ意味がない。

イシューを見極めるためには「実際にインパクトがあるか」「説得力あるかたちで検証できるか」「想定する受け手にそれを伝えられるか」という判断が必要となり、ここにはある程度の経験と「見立てる力」が必要になる。

こうした場合には、何人かの頼りになる相談相手に確認するのが手っ取り早い。老練で知恵のある人、あるいはその課題領域に対して直接的な経験をもつ人の知見が生きる場面だ。コンサルティング会社ではチームに必ずベテランコンサルタントが入るし、米国の大学院では指導教官を含む学位審査委員会がその機能を果たしている。特定の組織に属さない人でも検討テーマごとに信頼して相談できる相手をもっておきたい。

一般のビジネスパーソン、あるいは学生の場合でも、「この人は」という人を論文・記事・書籍、あるいはブログなどで見つけたら思い切って面会や相談を申し込むといい。また、研究所やシンクタンクのような機関にも話を聞ける専門家は多い。実際、こういう「知恵袋的な人」をもてるかどうかが、突出した人とそうでない人の顕著な差を生むのだ。

仮説を立てる

「スタンスをとる」ことが肝要

イシューの見極めについては、「こんな感じのことを決めないとね」といった「テーマの整理」程度で止めてしまう人が多いが、これではまったく不足している。実際の検討をはじめてから再度「イシューは何だろう」と考えているようではいくら時間があっても足りない。こうしたことを避けるためには、強引にでも前倒しで具体的な仮説を立てることが肝心だ。「やってみないとわからないよね」といったことは決して言わない。ここで踏ん張り切れるかどうかが、あとから大きく影響してくる。

なぜか？　理由は3つある。

▼1　イシューに答えを出す

そもそも、具体的にスタンスをとって仮説に落とし込まないと、答えを出し得るレベルのイシューにすることができない。たとえば、「○○の市場規模はどうなっているか？」というのは単なる「設問」に過ぎない。ここで「○○の市場規模は縮小に入りつつあるのではないか？」と仮説を立てることで、答えを出し得るイシューとなる。仮説が単なる設問をイシューにするわけだ。

▼2　必要な情報・分析すべきことがわかる

仮説を立てない限り、自分がどのレベルのことを議論し、答えを出そうとしているのかが明確にならず、それが明確になっていないことにすら気づかない。仮説を立てて、はじめて本当に必要な情報や必要な分析がわかる。

▼3　分析結果の解釈が明確になる

仮説がないまま分析をはじめると、出てきた結果が十分なのかそうでないのかの解釈ができない。その結果、労力ばかりかかることになる。

日本の会社では、「○○さん、新しい会計基準についてちょっと調べておいて」といった仕事の振り方をしているのを目にする。だが、これではいったい何をどこまで、どのようなレベルで調べればよいのかがさっぱりわからない。ここで仮説が登場する。

「新しい会計基準下では、わが社の利益が大きく下がる可能性があるのではないか」
「新しい会計基準下では、わが社の利益に対する影響が年間100億円規模あるのではないか」
「新しい会計基準下では、競合の利益も変動し、わが社の相対的地位が悪化するのではないか」
「新しい会計基準下では、各事業の会計管理・事務処理において何らかの留意点をもつことで、ネガティブな影響を最低限にできるのではないか」

このくらいのレベルまで仮説を立てて仕事を与えられれば、仕事を振られた人も自分が何をどこまで調べるべきなのかが明確になる。答えを出すべきイシューを仮説を含めて明確にすることで、ムダな作業が大きく減る。つまり生産性が上がるのだ。

何はともあれ「言葉」にする

イシューが見え、それに対する仮説を立てたら、次にそれを言葉に落とす。
「これがイシューかな？」「ここが見極めどころかな？」と思ったら、すぐにそれを言葉にして表現することが大切だ。

なぜか？　それはイシューを言葉で表現することではじめて「自分がそのイシューをどのようにとらえているのか」「何と何についての分岐点をはっきりさせようとしているのか」というこ

とが明確になるからだ。言葉で表現しないと、自分だけでなくチームのなかでも誤解が生まれ、それが結果として大きなズレやムダを生む。

イシューと仮説は紙や電子ファイルに言葉として表現することを徹底する。当たり前に聞こえるかもしれないが、多くの場合、これをやれと言われてもうまくできない。なぜ言葉にできないのかといえば、結局のところ、イシューの見極めと仮説の立て方が甘いからだ。言葉にすることで「最終的に何を言わんとしているのか」をどれだけ落とし込めているかがわかる。言葉にするときに詰まる部分こそイシューとして詰まっていない部分であり、仮説をもたずに作業を進めようとしている部分なのだ。

僕が「言葉にすることを徹底しよう」「言葉に落とすことに病的なまでにこだわろう」と言うと驚く人が多い。僕は「理系的・分析的な人間」だと思われているようで、そうした僕から「言葉を大切にしよう」というセリフが出ることが意外なようだ。

これもイシューに基づく思考の本質が誤解されている部分だと思う。

人間は言葉にしない限り概念をまとめることができない。「絵」や「図」はイメージをつかむためには有用だが、概念をきっちりと定義するのは言葉にしかできない業だ。言葉（数式・化学式を含む）は、少なくとも数千年にわたって人間がつくりあげ磨き込んできた、現在のところもっともバグの少ない思考の表現ツールだ。言葉を使わずして人間が明晰な思考を行うことは難しいということを、今一度強調しておきたい。

この「イシューの言語化」が特に大切になるのは「ビジュアル思考型」の人だ。

世の中の人を見ていると、「視覚的なイメージから考えるタイプ＝ビジュアル思考型」と「言語から考えるタイプ＝言語思考型」に二分されるように思う。僕は典型的なビジュアル思考型人間で、漢字を使う日本人にはこちらのタイプが比較的多く見られるようだ。

ビジュアル思考型は言語思考型が言っていることをおおよそ理解できるが、逆に言語思考型はビジュアル思考型の言うことをほとんど理解できない。世の中には言語思考型のほうが多いので、ビジュアル思考型が自分が取り組もうとしているイシューを言語化していないと、チームの生産性は大きく下がる。

僕も仕事をはじめた頃は、いろいろアイデアは浮かんでくるものの、それを言葉に落とし込めず、言わんとすることを周りの人たちにうまく伝えられずに苦労したが、「イシューを言葉に落とす」ことを意識的に繰り返すうちに途中から急に仕事がラクになった。

単純なことのようだが、いざやってみると、これは僕ら日本人にはそれほど簡単ではないことがわかる。言葉で明確に表現しないのは、日本人の言語・文化のもつ思考上の特性でもあるので、ここは意図的に訓練することを勧めたい。

言葉で表現するときのポイント

イシューと仮説を言葉で表現するときの注意点を挙げておきたい。

▼「主語」と「動詞」を入れる

言葉はシンプルであるほどよい。そのための単純かつ有効な方法が、「主語と動詞を含む文章で表現する」ことだ。日本語は主語がなくても文章が成立するため、「進めていくうちに皆が違うことを考えていることがわかった」という状況がよく生じる。主語と動詞を入れた文章にするとあいまいさが消え、仮説の精度がぐっと高まる。

▼「WHY」より「WHERE」「WHAT」「HOW」

イシューの言語化におけるもうひとつのコツは、表現の形式に注意することだ。

よいイシューの表現は、「〜はなぜか？」という、いわゆる「WHY」ではなく、「WHERE」「WHAT」「HOW」のいずれかのかたちをとることが多い。

●「WHERE」……「どちらか？」「どこを目指すべきか？」

●「WHAT」………「何を行うべきか？」「何を避けるべきか？」

●「HOW」…………「どう行うべきか？」「どう進めるべきか？」

「WHY＝〜はなぜか？」という表現には仮説がなく、何について白黒をはっきりさせようとしているのかが明確になっていない。「答えを出す」という視点で課題を整理すると、「WHERE」「WHAT」「HOW」のかたちになることが多いことは理解してもらえるだろう。

▼比較表現を入れる

文章のなかに比較表現を入れる、というのもよいアイデアだ。「AかBか」という見極めが必要なイシューであれば、「〜はB」というより「Aではなくて、むしろB」という表現にする。

たとえば、ある新製品開発の方向性のイシューの場合であれば、「てこ入れすべきは操作性」というよりも、「てこ入れすべきは、処理能力のようなハードスペックではなく、むしろ操作性」としたほうが何と何を対比し、何に答えを出そうとしているのかが明確になる。可能であればぜひ使いたい技だ。

よいイシューの3条件

「よいイシュー」について、もう少し考えてみよう。

よいイシューは、自分やチームを奮い立たせることができるものであり、検証されたあかつきには受け手をうならせるものだ。このようなイシューには3つの共通項がある。

▼1　本質的な選択肢である

よいイシューは概して、それに答えが出るとそこから先の検討方向性に大きく影響を与えるものだ。

▼2　深い仮説がある

よいイシューには深い仮説がある。ふつうであれば「ここまでスタンスをとるのか」というところまで一気に踏み込んでいる。「常識を覆すような洞察」があったり、「新しい構造」で世の中を説明したりしている。こうすると、検証できれば価値を生むことを誰もが納得できる。

▼3　答えを出せる

「えっ？」と思われるかもしれないが、よいイシューとは、「きっちりと答えを出せる」ものでなければならない。「重要であっても答えを出せない問題」というのは世の中にいくらでもあるのだ。

この「よいイシューの3条件」（図1）について、もう少し詳しく紹介しよう。

図1　よいイシューの３条件

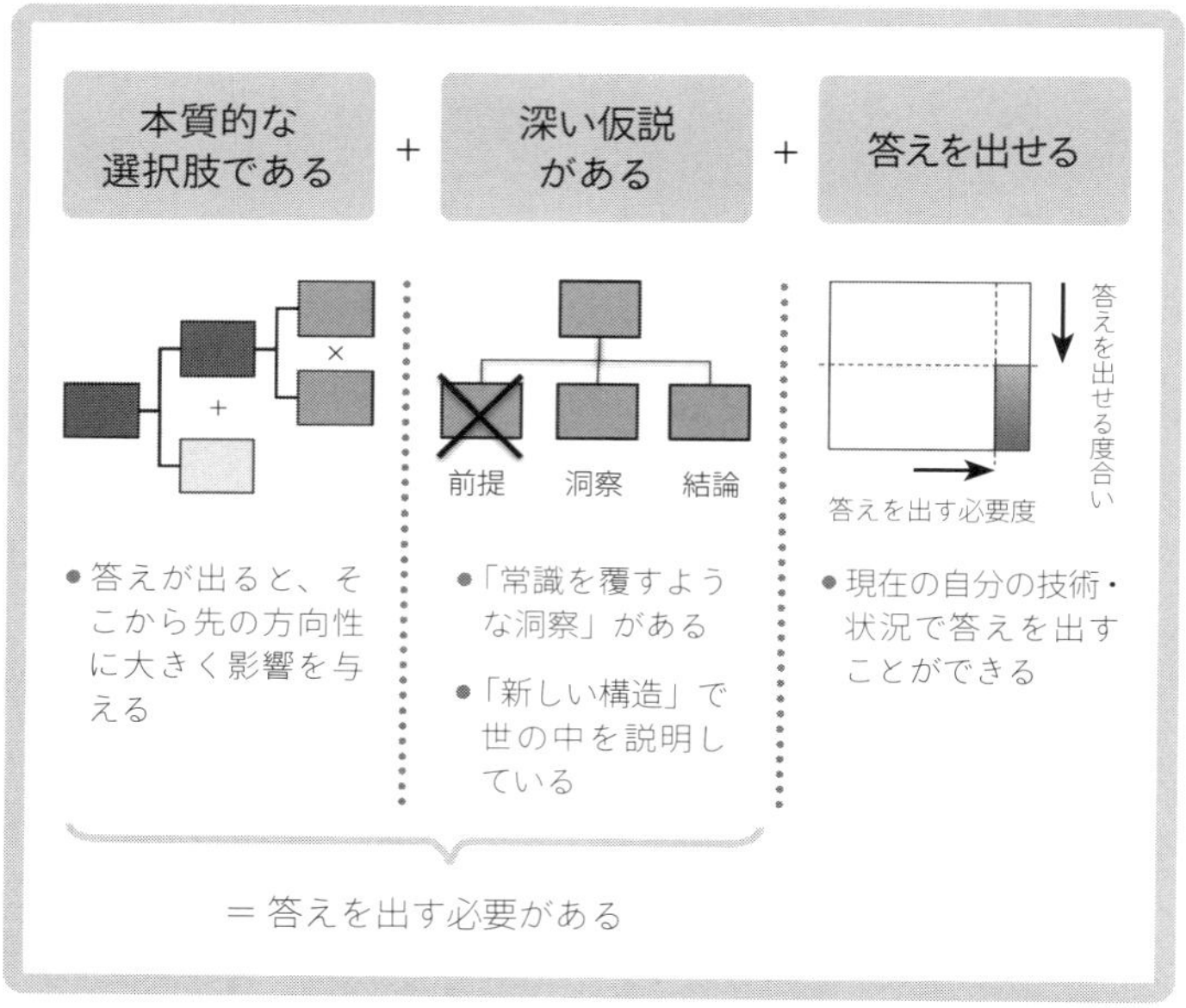

本質的な選択肢である
＋
深い仮説がある
＋
答えを出せる
前提
洞察
結論
答えを出せる度合い
答えを出す必要度
●答えが出ると、そこから先の方向性に大きく影響を与える
●「常識を覆すような洞察」がある
●「新しい構造」で世の中を説明している
●現在の自分の技術・状況で答えを出すことができる
＝答えを出す必要がある

条件① 本質的な選択肢である

インパクトがあるイシューは、何らかの本質的な選択肢に関わっている。「右なのか左なのか」というその結論によって大きく意味合いが変わるものでなければイシューとは言えない。すなわち、「本質的な選択肢＝カギとなる質問」なのだ。

科学分野の場合、大きなイシューはある程度明確になっていることが多い。

僕の専門である脳神経科学の場合、19世紀末における大きなイシューのひとつは「脳神経とはネットワークのようにつながった巨大な構造なのか、それともある長さをもつ単位の集合体なのか」というものだった。その後、神経科学の父の1人であるラモン・カハール（1906年にノーベル生理学・医学賞受賞）によって解明された結果は「ある長さをもつ単位の集合体」であり、現在、その基本単位は「神経細胞（ニューロン）」と呼ばれている。科学におけるほかの大きなイシューとしては、古くは「天動説・地動説」が有名であるし、最近ではインドネシアの洞窟で見つかった「ホモフロレシエンシス」という小型人類は現在の人類とつながる系統か否か、というものもある。

選択肢があり、どちらになるのかによってそこから先の研究に大きな影響が出るものがよいイシューなのだ。

ビジネスの場合ではどうだろうか。

ある食品メーカーにおいて、「ある商品Aが売れない」という理由を検討している場合で考えてみよう。多くの場合、最初に出てくる大きなイシューのひとつは「〈Aに商品力がない〉のか〈Aに商品力はあるが、販売方法がよくない〉のか」というものだろう。どちらであるかによってその後の戦略見直しのポイントが大きく変わってくるからだ。

あるコンビニエンスストアチェーンにおいて、「全体の売上が下がっている」という場合、最初のイシューのひとつは「〈店舗数が減っている〉のか〈1店舗あたりの売上が下がっている〉のか」というものになるだろう。前者であれば店舗開拓スピードや店舗の退店・フランチャイズ離脱率が課題になり、後者であれば店舗のつくりや運営方法が問題になる。

どれも「それはそうだ」と思われるだろうが、現実にはこうしたレベルでのイシューの見極めができていないケースは多い。「商品はいいのに売り方が悪い」「店舗開拓に問題があるに決まっている」など、思い込みで突き進んでしまうのだ。まずは大きな分岐点を見極めることが大切だ。

「本質的な選択肢」を見極めるためには、陥ることの多い「イシューの落とし穴」を意識しておくことも有効だ。

▼なんちゃってイシュー

序章でも触れたとおり、実は、世の中で問題だと言われているもの、調べてみようと思うことの大多数は、今、本当のところは答えを出す必要がないものだ。そうした「なんちゃってイシュー」に惑わされないことが大切だ。

ある飲料ブランドが長期的に低迷しており、全社で立て直しを検討しているとする。ここでよくあるイシューの候補は「〈今のブランドで戦い続けるべきか〉もしくは〈新ブランドにリニューアルすべきか〉」というものだ。

だが、この場合、まずはっきりさせるべきはブランドの低迷要因だろう。「〈市場・セグメントそのものが縮小している〉のか〈競合との争いに負けている〉のか」がわからないと、そもそもの「〈ブランドの方向性の修正〉がイシューなのか」という判断ができない。

仮に市場・セグメントそのものが縮小しているのであれば、通常、ブランドの修正以前に狙うべき市場そのものを見直さなくてはならない。こうなると、「ブランドの方向性の修正」は、イシューでも何でもなくなってしまう。こういう一見もっともらしい「なんちゃってイシュー」を最初の段階できちんとはじくことが大切だ。

一見イシューのように見えても、その局面で答えを出す必要のないもの、答えを出すべきでないものは多い。「イシューらしいもの」が見えるたびに、「本当に今それに答えを出さなくてはならないのか」「本当にそこから答えを出すべきなのか」と立ち返って考える。これで、あとあと「あれは無理してやる必要がなかった」と後悔するようなムダな作業を減らすことができる。

▼イシューは動く標的

もうひとつ頭に置いておきたいのは、「イシューは動く標的」だということだ。これは特にビジネスの問題に取り組む場合には非常に重要なポイントだ。

イシュー、つまり答えを出すべき問題は、同じ事業・テーマを扱っていても、会社ごとに、部署ごとに、日ごとに、ミーティングごとに、あるいは話している相手ごとに異なるのがふつうだ。イシューとは、「今、答えを出さなければならないこと」なので、実際には担当している部門や立場によっても変わってくる。ある人にとってイシューであってもほかの人にとってはイシューではない、ということもいくらでもある。

典型的なのが、イシューの主語となることの多い「企業」による違いだ。同じ商品分野で事業戦略を検討していたとしても、企業によってイシューの見極めどころは異なる。業界そのものについての見立てはそれほど変わらなくても、それをどのように受け止めるか、それがどのような意味をもつのかは、企業ごとの歴史や風土や戦略などでまったく異なってくる。

たとえば、アップル社の「iPad」を中心とするパッド（スレート型）コンピュータ市場の戦略立案をする場合を考えてみよう。まず、この市場を立ち上げたアップル社とそれ以外の企業では大きく見極めどころが異なるであろうことは簡単に想像できる。さらに、自社製のOSをもっているかどうか、そのOSが他社とどのような提携をしているか、などによっても意味合いは変わってくるはずだ。

「これがイシューだ」と思ったら、そのイシューの主語を確認してみよう。「誰にとって」という主語を変えても成り立つものは、まだイシューとしての見極めが甘い可能性が高い。

さらに、大きな意思決定がされると、その周りにあるイシューが根こそぎイシューでなくなることもある。

たとえば、ある自動車メーカーで「次世代ハイブリッド車のあり方」について検討しているとする。「どんなエンジン・モーター技術をベースにするか」「どのようなバッテリー管理をするか」「どんな車種を想定すべきか」など多数の検討項目、すなわち答えを出すべきイシューが出てくるだろう。しかし、ここで「トップレベルの交渉で、競合会社から技術供与を受けることになった」という状況になれば、これらのイシューの大半は見直しが必要になる。

科学の場合なら「前提となる事実に見直しをせまる発見があった場合」などがこれに当てはまる。

条件② 深い仮説がある

よいイシューの2つめの条件は「深い仮説がある」ことだ。仮説を深いものにするためには次のような定石が役に立つ。

▼常識を否定する

仮説を深める簡単な方法は「一般的に信じられていることを並べて、そのなかで否定できる、あるいは異なる視点で説明できるものがないかを考える」ことだ。「常識の否定」を英語で「直観に反している」という意味で「カウンター・イントゥイーティブ」というが、この「直観に反したもの」を探す。ここではその分野に詳しい人へのインタビューが役立つだろう。プロジェクトがはじまった時点でエキスパートや現場の人に話を聞くことで、その分野で共通に信じられているもの、いわゆる「常識」を知ることができる。本などで学ぶことより、こうした「肌感覚の常識」が反証されたときのほうがインパクトは大きい。

古典的な例では、日常的に生活している限り「太陽が地球の周りを動いている」ようにしか見えないが、「実は地球が太陽の周りを動いている」ことを証明した地動説がまさにこれにあたる。ふつうの生活では体感しようもない「時間と空間の関係」に対して「時間と空間が一体のものである」としたアインシュタインの相対性理論が衝撃的だったこともこの典型だ。「光は波でありながら粒子でもある」という量子力学の基本的な考え方も、目で見える大きさの世界では「波でありながら粒子である存在」などないからこそ衝撃的だ。「私たちの生きる世界でもっとも大きな存在であるはずの宇宙が最初は一点から発生した」というビッグバン理論も「最小から最大がはじまった」という直観とは相容れない異様なコントラストがインパクトを生み出している。

もうひとつ有名なサイエンスの例を挙げてみよう。1940~70年代にかけて、生物学における大きなイシューのひとつに「生命体におけるエネルギーの取り込みはどう行われているか」

というものがあった。食物として取り入れられた炭水化物は細胞内で分解され、最終的に水と二酸化炭素になるが、その際いわゆる「燃えて」放出されるエネルギーのかなりがＡＴＰ（アデノシン三リン酸）のリン酸結合として取り込まれる。これが呼吸の本質であり、あらゆる生命活動の直接のエネルギー源となる。このエネルギー取り込みについて、ほとんどの人がほかの生化学反応と同様に「細胞のなかでの連鎖的な化学反応による」と考えていたが、英国の生化学者、ピーター・ミッチェルは「ミトコンドリアの膜においてイオンが通り抜ける際に取り込みが起こる」と主張し、それを証明した。世紀の大問題を解いたミッチェルは、１９７８年にノーベル化学賞を単独受賞した。これもそれまでの常識を否定した典型だ。

科学の場合、こうした大きな枠組みの変更をせまるような発見は、新しい研究分野そのものを生み出すことが多いが、ビジネスの場合は戦略・計画の根本的な見直しにつながることが多い。競合が気づかない発見は大きな戦略的アドバンテージとなる。

ビジネスで深い仮説をもったイシューとしては次のようなものがあるだろう。

「拡大していると思われている市場が、先行指標では大きく縮小している」
「より大きいと思われているセグメントＡに対し、収益の視点ではセグメントＢのほうが大きい」

「販売数中心で競争している市場だが、実は販売数のシェアが伸びるほど利益が減る」
「コア市場のシェアは拡大しているが、成長市場のシェアは縮小している」

「そんな重要なことを見落とすなどあり得ない」と思われるかもしれないが、僕自身、業界トップを争うような企業のプロジェクトでこうした発見をしてきた。一般的に信じられている信念や前提を突き崩せないかを常に考えるようにしたい。

▼「新しい構造」で説明する

深い仮説をもつための2つめの定石は「新しい構造」で世の中を説明できないかと考えることだ。どういうことか？　人は見慣れたものに対して、これまでにない理解を得ると真に大きな衝撃を感じるものだ。そのひとつのやり方が先ほどの「常識の否定」だが、もうひとつのやり方が検討の対象を「新しい構造」で説明することだ。

これは、僕たちの脳神経系のしくみのためだ。脳はコンピュータでいうところの「メモリ」も「ハードディスク」にあたる記憶装置もなく、神経がつながりあうだけのつくりをしている。つまり、神経間の「つながり」が基本的な「理解」の源になる。よって、これまであまり関係していないと思っていた情報の間につながりがあるとなると、僕たちの脳は大きなインパクトを感じる。「人が何かを理解する」というのは、「2つ以上の異なる既知の情報に新しいつながりを発見する」ことだと言い換えられる。

この構造的な理解には4つのパターンが存在する。簡単に説明しておこう。

●共通性の発見

いちばん簡単な新しい構造は共通性だ。2つ以上のものに、何らかの共通なことが見えると、人は急に何かを理解したと感じる。たとえば、「あの人はメキシコの建国の際に2つの対立陣営を束ねる大きな役割を果たした人です」と言われるより、「あの人はメキシコにおける坂本龍馬です」と言われたほうが（日本人であれば）圧倒的に理解したと感じるだろう。「オフィス用プリンタとビル内エアコンは収益構造のしくみが同じ」と言われれば、どちらかを知っている人であれば「なるほど」と思うだろう。腕と鳥の翼が実は同じ器官が異なるかたちに進化したものだと知れば、比較して意味合いを引き出すことができる、というのも同じだ。

●関係性の発見

新しい構造の2つめは関係性の発見だ。完全な全体像がわからなくとも、複数の現象間に関係があることがわかれば人は何か理解したと感じる。
「ポールとジョンは親友でおおむね同じ行動をしている」「ジョンとリッチは対抗しており、まったく反対の行動をしている」ということを知っていれば、ポールの最近の行動を見れば、おおむねリッチが何をしているのかがわかる。

科学分野では「まったく異なるホルモンに関わる脳内の2つのレセプターの働きに関係性がある」というのが典型例だ。これが10個の異なるホルモン・レセプター間の体系的な関係となれば、かなり理解につながったように感じる。実際、このパターンの研究でいくつものノーベル賞が授与されている。

●グルーピングの発見

新しい構造の3つめはグルーピングの発見だ。検討対象を何らかのグループに分ける方法を発見することで、これまでひとつに見えていたもの、あるいは無数に見えていたものを判断できる数の固まりとして見ることができるようになり、洞察が深まる。

グルーピングの典型例はビジネスにおける「市場セグメンテーション」だ。市場を何らかの視点に基づいた軸で切り分け、それぞれのグループごとに違う動きが見えれば、それまでとは違う洞察を得て、自社商品・競合商品の現状分析や今後の予測がしやすくなる。

●ルールの発見

新しい構造の４つめはルールの発見だ。２つ以上のものに何らかの普遍的なしくみ・数量的な関係があることがわかると、人は理解したと感じる。

物理法則の発見はほとんどがこれに当てはまる。「机の上から落ちる鉛筆」と「地球から見る月が安定して浮かんでいる」というのが同じロジック（＝万有引力）で説明できる、というのもそのひとつだ。

ビジネスではここまで数式化できることは少ないが、遠く離れたように見える２つの出来事に強いルール性がある、という例は珍しくない。たとえば「ガソリンの工業的な取引価格が上下すると10カ月遅れでサトウキビの農産品価格が同様に動く」といった決まったパターンが見えると、何らかのより深い構造的な気づきにつながる。

いきなり「常識を否定」するような強力なイシューを発見できなくても、がっかりする必要はない。見てきたとおり、「新しい構造」で現象を説明できないかを考えることがもうひとつの正攻法だ。そして、これらにつながる視点で新たなことが検証されれば深い洞察とインパクトを生み出す。朝永振一郎とともにノーベル物理学賞を受賞したリチャード・ファインマンは、かつて

図2　構造的な理解の４パターン

	例	理解の効果
共通性の発見	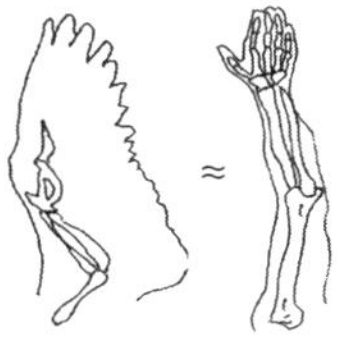	腕の構造から翼の構造について洞察できることがわかれば、進化の比較軸として利用できる
関係性の発見	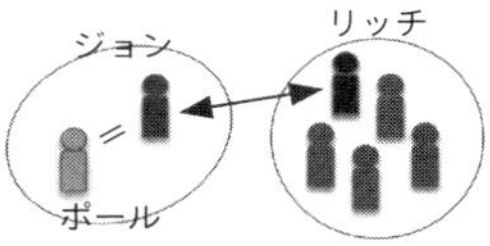	ポールとジョンが同じ、ジョンとリッチが反対の行動をしているとわかれば、ポールの行動から、リッチの行動を推測できる
グルーピングの発見	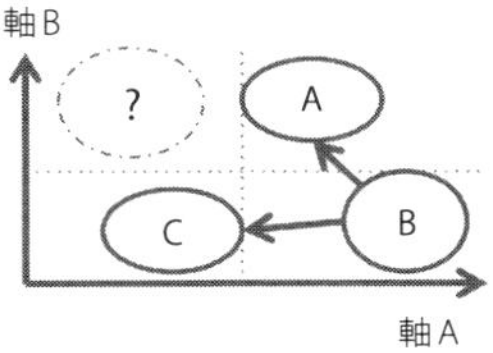	何らかの軸で切り分けたグループに違う動きがあれば、それまでとは違う洞察を得ることができる
ルールの発見	$X = \frac{\alpha \times \beta}{\gamma}$	2つ以上のものに普遍的なしくみ・数量的な関係があることがわかれば、深い洞察を得ることができる

「科学が役に立つのは先を見て推理を働かせる道具になるからだ」と言ったが、これはまさに深い構造的な理解を得ることの本質を示している。

条件③　答えを出せる

「本質的な選択肢」であり、十分に「深い仮説がある」問題でありながら、よいイシューではない、というものが存在する。それは、明確な答えを出せない問題だ。そんなものがあるのか、と言われるかもしれないが、どのようにアプローチをしようとも既存のやり方・技術では答えを出すことはほぼ不可能という問題は多い。

たとえば、僕のサイエンスの師匠の1人である山根徹男（元ベル研究所・現サンパウロ大学教授）が教えてくれた話がある。1960年代、山根先生がカリフォルニア工科大学に在学していたとき、当時天才の名をほしいままにしていたファインマンから聞いたというものだ。

「確かに〈重力も電磁気的な力も三次元の空間にありながら、距離の二乗に反比例する〉というのは非常に興味深い現象だ。ただ、このような一見当たり前に見える問題には関わらないほうがよい。現在のところ、答えが出せる見込みがほとんどないからだ」

私は物理学徒ではないが、この問題は60年ほどたった今も、数多くの天才たちの手を通り抜けたままのはずだ。ファインマンは正しかった。

科学の世界では、ファインマンの例のとおり、「実際に答えを出し得る手法が見えないために、昔から謎であることがわかっているのに手つかずの問題」というものが多い。手法が出てきたことでようやく研究がはじまった、という問題が目白押しなのだ。

問題が提示されてから300年以上もかかってようやく解かれた「フェルマーの最終定理」も、プリンストン大学のアンドリュー・ワイルズが近代数学の粋を尽くして解いたということだが、まさにこの「手法が見つかってはじめてよいイシューとなった」という例のひとつだろう。

生物学者・利根川進（1987年にノーベル生理学・医学賞受賞）の言葉も示唆に富む。

「（略）ダルベッコが後に僕のことをほめていうには、トネガワはそのときアベイラブル（利用可能）なテクノロジーのぎりぎり最先端のところで生物学的に残っている重要問題のうち、なにが解けそうかを見つけ出すのがうまい、というんだね。（略）いくらいいアイデアがあっても、それを可能にするテクノロジーがなければ絶対にできない。だけど、みんなこれはテクノロジーがなくてできないと思っていることの中にも、そのときアベイラブルなテクノロジーをぎりぎりまでうまく利用すれば、なんとかできちゃうという微妙な境界領域があるんですね（略）」

（『精神と物質』／文藝春秋）

利根川の師匠の1人であるリナート・ダルベッコ（1975年にノーベル生理学・医学賞受賞）とそれを受けた利根川の言葉はよいイシューの本質をよくとらえている。どれほどカギとなる問いであっても、「答えを出せないもの」はよいイシューとは言えないのだ。「答えを出せる範囲でもっともインパクトのある問い」こそが意味のあるイシューとなる。そのままでは答えの出しようがなくても、分解することで答えを出せる部分が出てくればそこをイシューとして切り出す。

ビジネス上でも、こうした問題は山積みだ。

たとえば、値づけ（プライシング）の問題がある。「3〜8社くらいまでの企業数で市場の大半を占めている場合（実際にはほとんどの市場がそうだ）、商品の値づけはどうすべきか」というのは実際には非常に難しい問いで、現在でも明確な「決まり手」、つまり分析的にきっちり答えを出す方法は存在しない。プレーヤーが2社であれば、ゲーム理論を活用してあるべき方向性はかなりのところまで答えを出せるが、これが3社以上のプレーヤーとなると、とたんに難しくなる。

ありふれた問題に見えても、それを解く方法がいまだにはっきりしない、手をつけないほうがよい問題が大量にある、というのは重大な事実だ。また、他人には解けても自分には手に負えない問題、というのもある。気軽に取り組んだはいいが、検証方法が崩壊した場合には、時間の面でも手間の点でも取り返しのつかないダメージになりかねない。「インパクトのある問い」がそのまま「よいイシュー」になるわけではない。そしてファインマンが言ったとおり、「答えが出せる見込みがほとんどない問題」があることを事実として認識し、そこに時間を割かないことが重要だ。

ということで、「よいイシューの条件」の3つめは、イシューだと考えるテーマが「本当に既存の手法、あるいは現在着手し得るアプローチで答えを出せるかどうか」を見極めることだ。「現在ある手法・やり方の工夫で、その問いに求めるレベルの答えを出せるのか」。イシューの候補が見えてきた段階では、そうした視点で再度見直してみることが肝要だ。

序章で述べたとおり、気になる問題が100あったとしても、「今、本当に答えを出すべき問題」は2、3しかない。さらに、そのなかで「今の段階で答えを出す手段がある問題」はその半数程度だ。つまり、「今、本当に答えを出すべき問題であり、かつ答えを出せる問題＝イシュー」は、僕らが問題だと思う対象全体の1％ほどに過ぎない（図3、次頁）。

イシュー見極めにおける理想は、若き日の利根川のように、誰もが「答えを出すべきだ」と感じていても「手がつけようがない」と思っている問題に対し、「自分の手法ならば答えを出せる」と感じる「死角的なイシュー」を発見することだ。世の中の人が何と言おうと、自分だけがもつ視点で答えを出せる可能性がないか、そういう気持ちを常にもっておくべきだ。学術的アプローチや事業分野を超えた経験がものをいうのは、多くがこの「自分だけの視点」をもてるためなのだ。

図3　「問題」の広がり

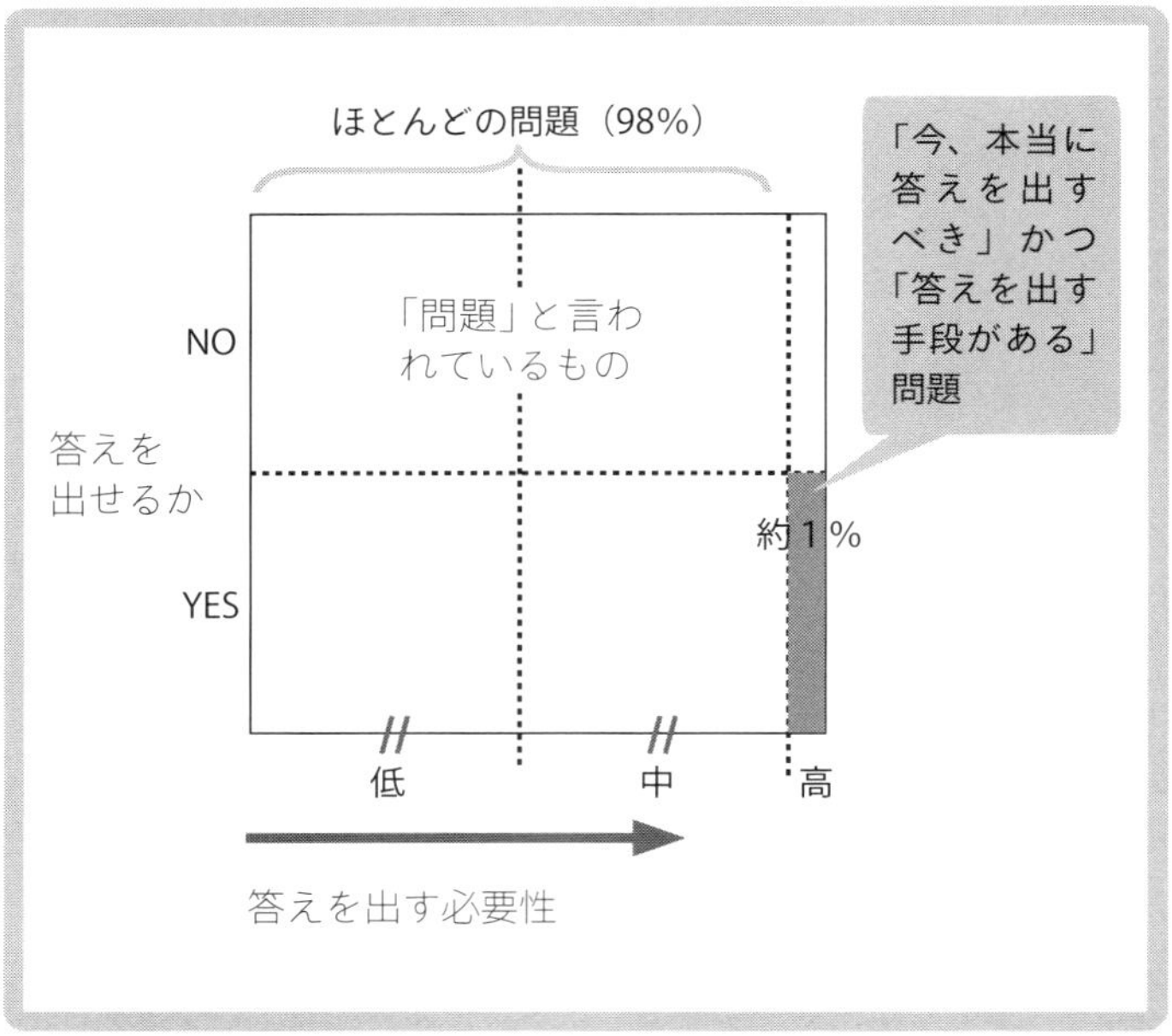

イシュー特定のための情報収集

考えるための材料を入手する

「よいイシューとは何か」と「(強引にでも) 仮説を立てることの重要性」がわかったところで、次にそれを発見するための「材料」をどのように仕入れるかを考えてみたい。

ふつうの会社では「仮説のような不確かなものをベースに話をするなんてけしからん」とお叱りを受けることが多いかもしれない。だが、論理だけで問題の着眼点や話の切り込みのポイント、つまりイシューや仮説につながるものを見つけることは難しい。これはどんな人にとってもそうだ。問題解決のプロであるベテランコンサルタントでも辣腕社長でも気鋭の研究者でも、知見や見立てのないテーマにぶちあたれば、仮説を立てるための手がかりを集めるしかない。

では、手がかりを得るためにはどうしたらよいのか。それは、取り組んでいるテーマ・対象について「考えるための材料をざっくりと得る」ことだ。つまり、時間をかけ過ぎずに大枠の情報を集め、対象の実態についての肌感覚をもつ。ここでは細かい数字よりも全体としての流れ・構造に着目する。

大学の研究などではこの作業に数カ月をかけるケースもあるだろうが、ビジネスにおいてこれは非効率であり、生産性の高いやり方とは言えない。イシューを明確化し、肝となる検証をスピーディに進め、仮説を刷新してこそ、真に生産性の高い毎日が実現する。多くの場合、検証までの1サイクルは1週間から長くても10日程度で回すので、この最初の仮説を出すために考える材料を集める作業は可能であれば2、3日程度で終えたいところだ。ヒアリングなど用意に時間がかかるものはあらかじめ仕込んでおく。

とはいえ、これだけでは具体的に何をすべきかわからないので、自分らしいイシューの見立てをもつための情報収集のコツについてまとめておこう。

コツ① 一次情報に触れる

第1のコツは「一次情報」に触れることだ。一次情報というのは、誰のフィルターも通っていない情報のことだ。具体的には次のようなことが役立つ。

- モノづくりの場合……生産ライン、調達の現場に立つ。現場の人の話を聞く。可能であれば何かの作業を一緒にする
- 販売の場合…………販売の現場に出向く。店頭に立って顧客の声を聞く。可能であれば一緒に活動する
- 商品開発の場合……商品が使われている現場に出向く。商品を使っている顧客と話をする。なぜそれを使うのか、どう使い分けているのか、どんな場面でどう使っているのかなどを聞く
- 研究の場合…………そのテーマを研究している人、その手法を開発した人の研究室に行く。話を聞き、現場を見る
- 地方の場合…………対象とする地方とそこと対極的な動きをしている地方に出向き、違いや事象を見て理解する
- データの場合………加工されていない生のデータにあたり、変化のパターンや特徴を見て理解する

あまりにも基本的なことに聞こえるかもしれないが、これらを呼吸するようにできている人は少ない。「優秀」とか「頭がよい」と言われている人ほど頭だけで考え、一見すれば効率のよい読み物などの二次情報から情報を得たがる傾向が強い。そして、それが命取りになる。肝心の仮説を立てる際に「色眼鏡をつけて見た情報」をベースにものを考えることになるからだ。

現場で何が起こっているのかを見て、肌で感じない限り理解できないことは多い。一見関係のないものが現場では隣り合わせで連動している、あるいは連動しているはずのものが離れている、といったことはよくあるが、これらは現場に出向かない限り理解することができない。間接的な報告や論文などの二次的情報では決して出てこないところだ。

いかに優れた表現、情報といえども、二次的な情報は何らかの多面的かつ複合的な対象のひとつの面を巧妙に引き出したものに過ぎない（図4）。そこからこぼれおちた「現実」は、それを直接見

図4　二次情報の危うさ

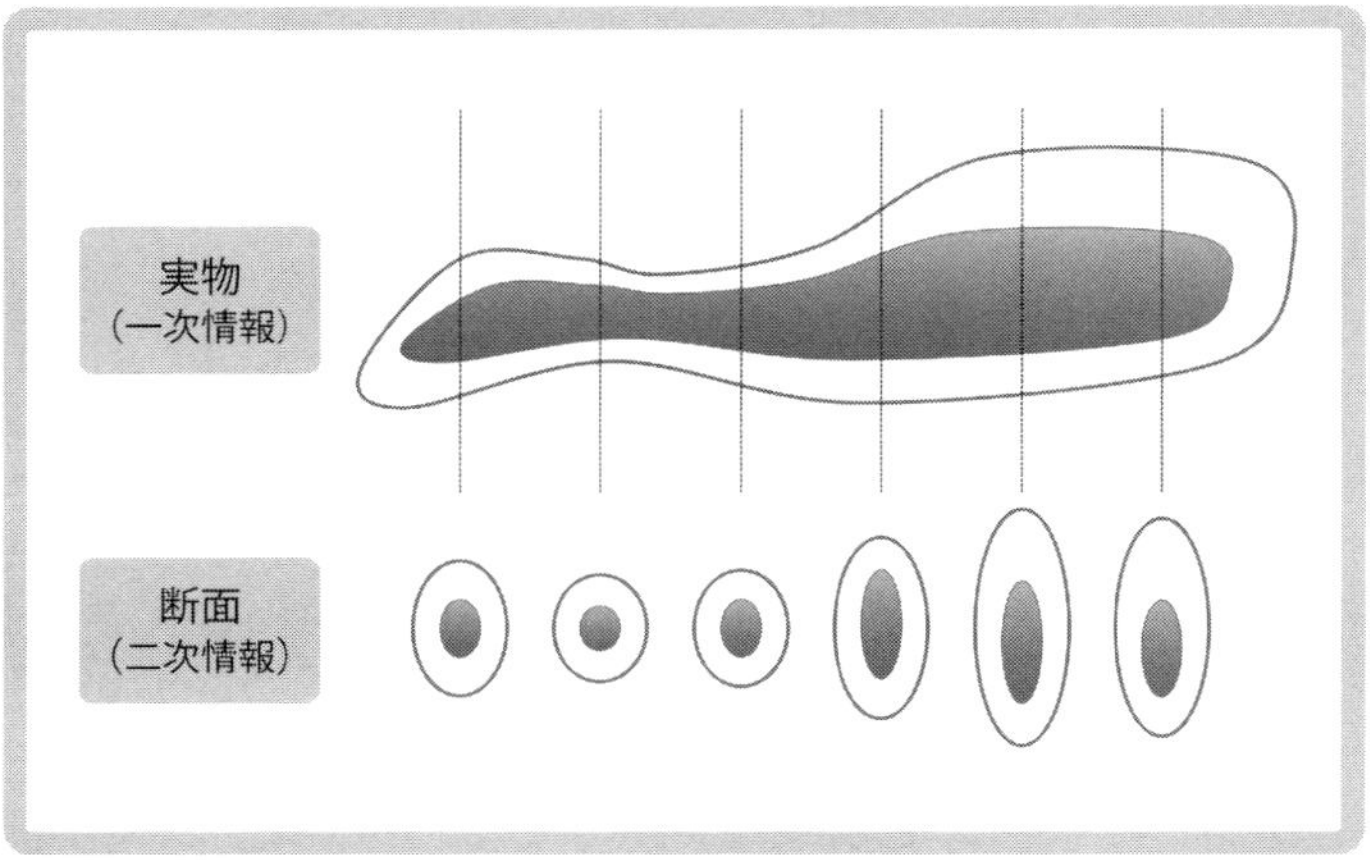

ない人には認知できない。よって、数日間は集中的に一次情報に触れることをお勧めしたい。これが実際に僕らに起こっていること、本当のことに対する肌感覚を与え、明確な仮説を立てるための強い指針を与えてくれる。

なお、これらの現場に出て、一次情報に触れた際には、現場の人の経験から生まれた知恵を聞き出してくる。読み物をどれだけ読んでもわからない勘どころを聞き、さらにその人がどのような問題意識をもっているかを聞いておく。現在の取り組みにおけるボトルネック、一般に言われていることへの違和感、実行の際の本当の押さえどころなどだ。お金では買えない知恵を一気に吸収したい。

日本の会社の多くでは、社内はともかく外部の専門家に直接話を聞く、といったことをあまりしないようだが、これは本当にもったいないことだ。「社外秘の事柄が多いから、あまり外部と交流できない」という理由であれば、それは多くの場合、考え過ぎや思い過ごしだ。

知らない人に電話でインタビューを申し込むことを英語で「コールドコール」と言うが、これができるようになると生産性は劇的に向上する。あなたがしかるべき会社なり大学・研究所で働いており、相手に「守秘義務に触れることは一切話す必要はなく、そこで聞いた話は内部的検討にしか使われない」といったことをきちんと伝えれば、大半は門戸が開くものだ。実際、僕自身もこれまで数百件の「コールドコール」をしてきたが、断られた記憶は数えるほどしかない。生産性を上げようと思ったらフットワークは軽いほうがいい。

コツ② 基本情報をスキャンする

情報収集の第2のコツは、一次情報から得た感覚をもちつつ、世の中の常識・基本的なことをある程度の固まりとしてダブりもモレもなく（第2章で詳説）、そして素早くスキャンする（調べる）ことだ。

ここは、自分の思いだけで「決め打ち」をしないことが大切だ。取り組む課題領域における基本的な知識をざっと押さえておく。通常のビジネスで事業環境を検討する場合であれば、

1 業界内部における競争関係
2 新規参入者
3 代替品
4 事業の下流（顧客・買い手）
5 事業の上流（サプライヤー・供給企業）

というマイケル・ポーターの提唱した「ファイブ・フォース」に加え、

6　技術・イノベーション

7　法制・規制

の2つを加えた7つの広がりについて見ていけば、立ち上がりの段階としては十分だろう（図5、次頁）。

要素の広がりが見えたら、実際のスキャンにおいて押さえどころとなるのは「数字」「問題意識」「フレームワーク」の3つだ。

▼数字

基本となる数字は、サイエンスであれば当然のこと、ビジネスでも常にある。たとえば、事業全体を議論するのであれば、「規模感」「シェア」「営業利益率」「（それらの）変化率」のようなものであり、小売りであれば、対競合視点での「1日あたりの売上高」「在庫回転率」「客単価」などが挙げられるだろう。「この数字を知らずして議論しても仕方ない」ということを大局的に押さえる。

図5　事業環境要素の広がり（Forces at Work）

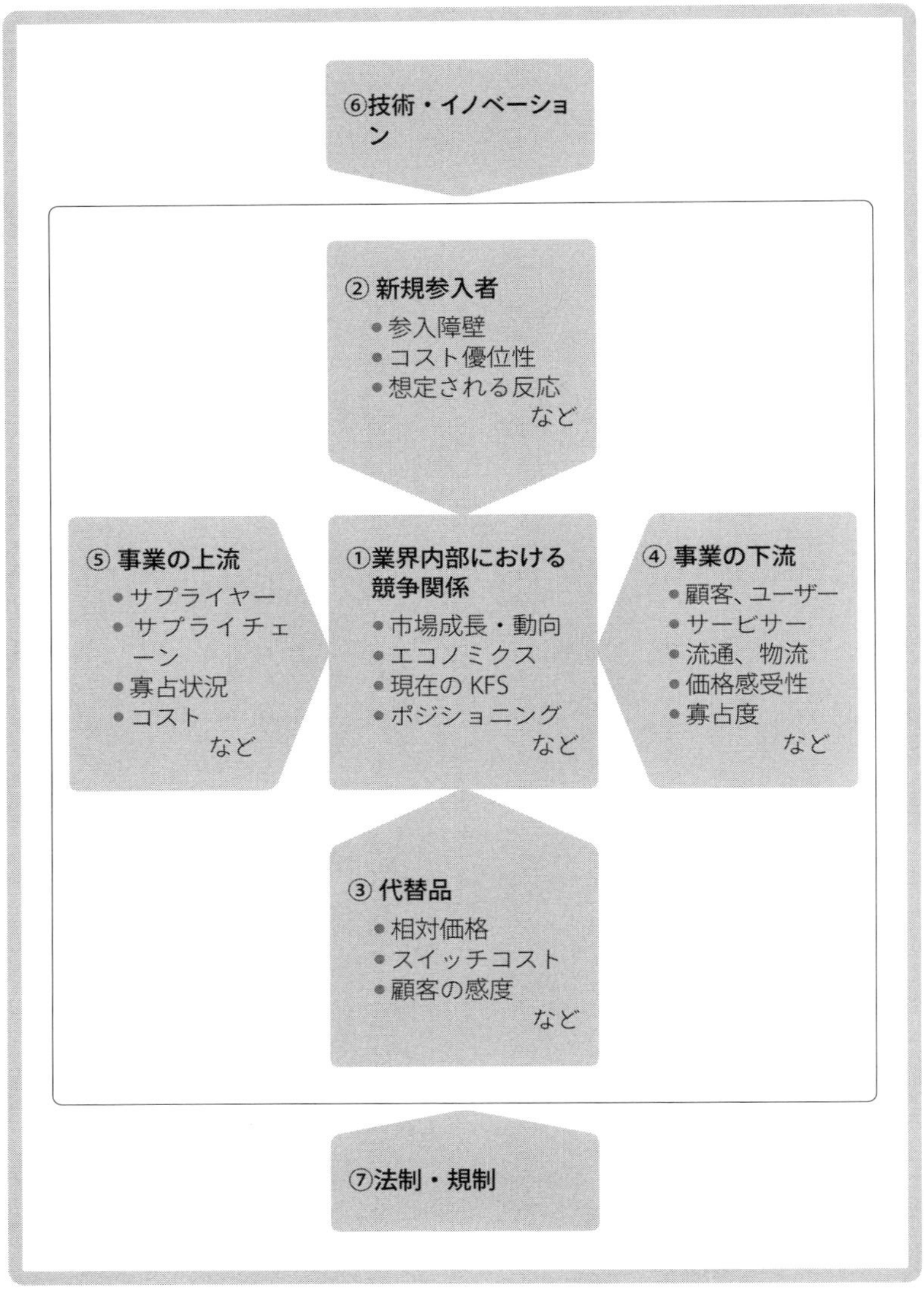

▼問題意識

問題意識とは、歴史的背景を踏まえた分野・業界・事業の常識、そして課題領域にまつわる一般的な通念、これまでの検討の有無、内容とその結果などだ。「これらを知らないとその分野の人との会話が成り立たない」ということを一通りカバーする。重要な視点のモレがないかを確認する。

▼フレームワーク

どんな領域でも、これまで課題がどのように整理されてきたか、課題をとりまくものがどのように位置づけられるか、という情報は必要だ。検討している問題が既存の枠組み、つまりはフレームワークのなかでどう位置づけられ、説明されているのかを理解する。具体的には、以下のような全体観がつかみやすいものを活用するとよいだろう。

- 総説・レビュー
- 雑誌・専門誌の特集記事
- アナリストレポート／アニュアルレポート
- テーマに関連する書籍
- 教科書的な書籍の該当ページ

書籍系に関してはノウハウ的なものは避け、基本的・原則的なものを見る。歴史的な視点を得るためにやや古めのものと新しいものを同時に見る、というのもよいアイデアだ。

コツ③ 集め過ぎない・知り過ぎない

第3のコツは意図的にざっくりとやる、つまり「やり過ぎない」ということだ。速読術やライフハック的な信念とは大きく異なるが、情報収集の効率は必ずどこかで頭打ちになり、情報があり過ぎると知恵が出なくなるものだ。これを「集め過ぎ」「知り過ぎ」と言う。

▼集め過ぎ

情報収集にかけた努力・手間とその結果得られる情報量にはあるところまでは正の相関があるが、そこを過ぎると途端に新

図6 集め過ぎ

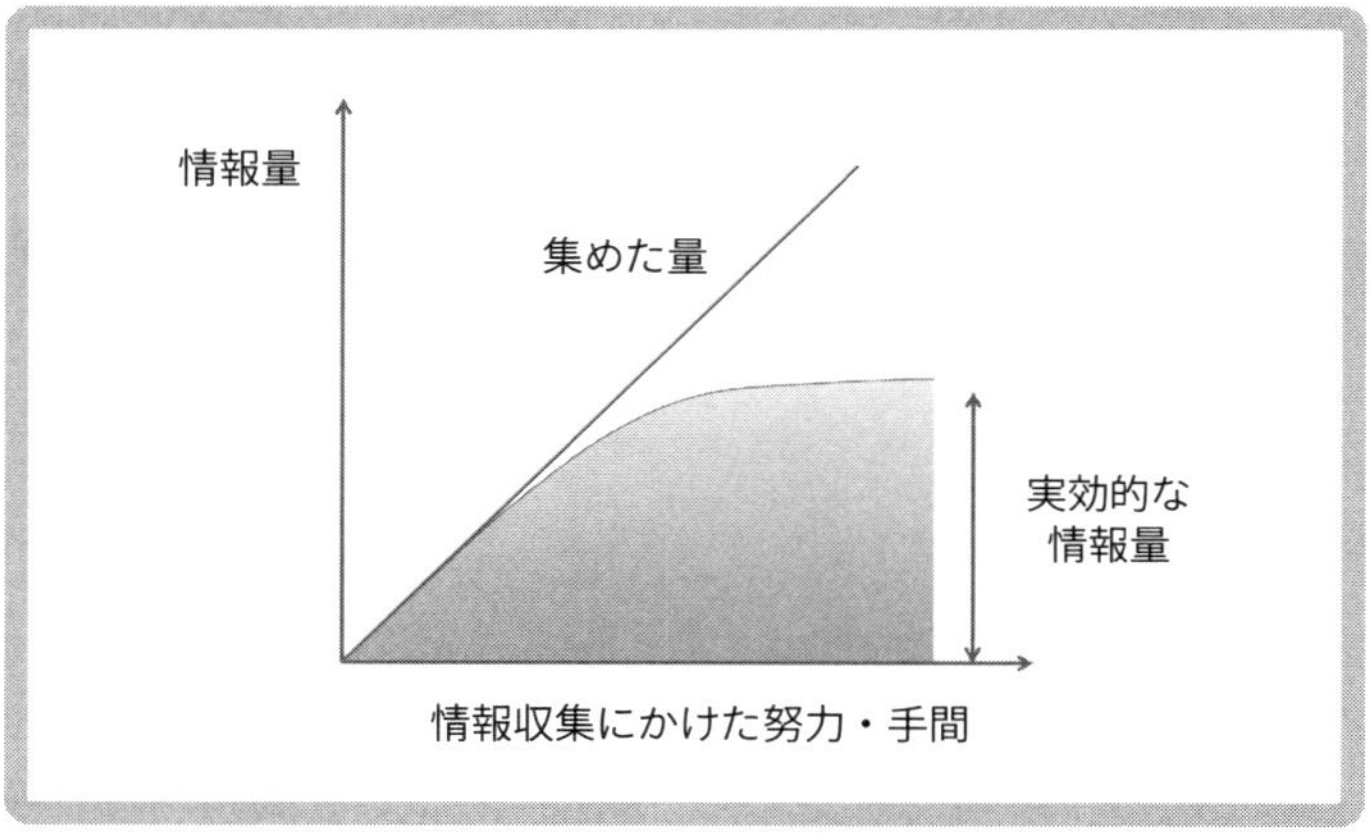

しい取り込みのスピードが鈍ってくる。これが「集め過ぎ」だ。大量に時間を投下しても、実効的な情報が比例して増えることはない（図6）。

▼知り過ぎ

「知り過ぎ」はもっと深刻な問題だ。「集め過ぎ」のグラフにもあるとおり、確かにある情報量までは急速に知恵が湧く。だが、ある量を超すと急速に生み出される知恵が減り、もっとも大切な「自分ならではの視点」がゼロに近づいていくのだ。そう、「知識」の増大は、必ずしも「知恵」の増大にはつながらない。むしろあるレベルを超すと負に働くことを常に念頭に置く必要がある（図7）。

その分野について何もかも知っている人は、新しい知恵を生み出すことが極めて難しくなる。手もちの知識でほとんどのことを乗り越えてしまえるからだ。一流の科学者がその分野の

図7　知り過ぎ

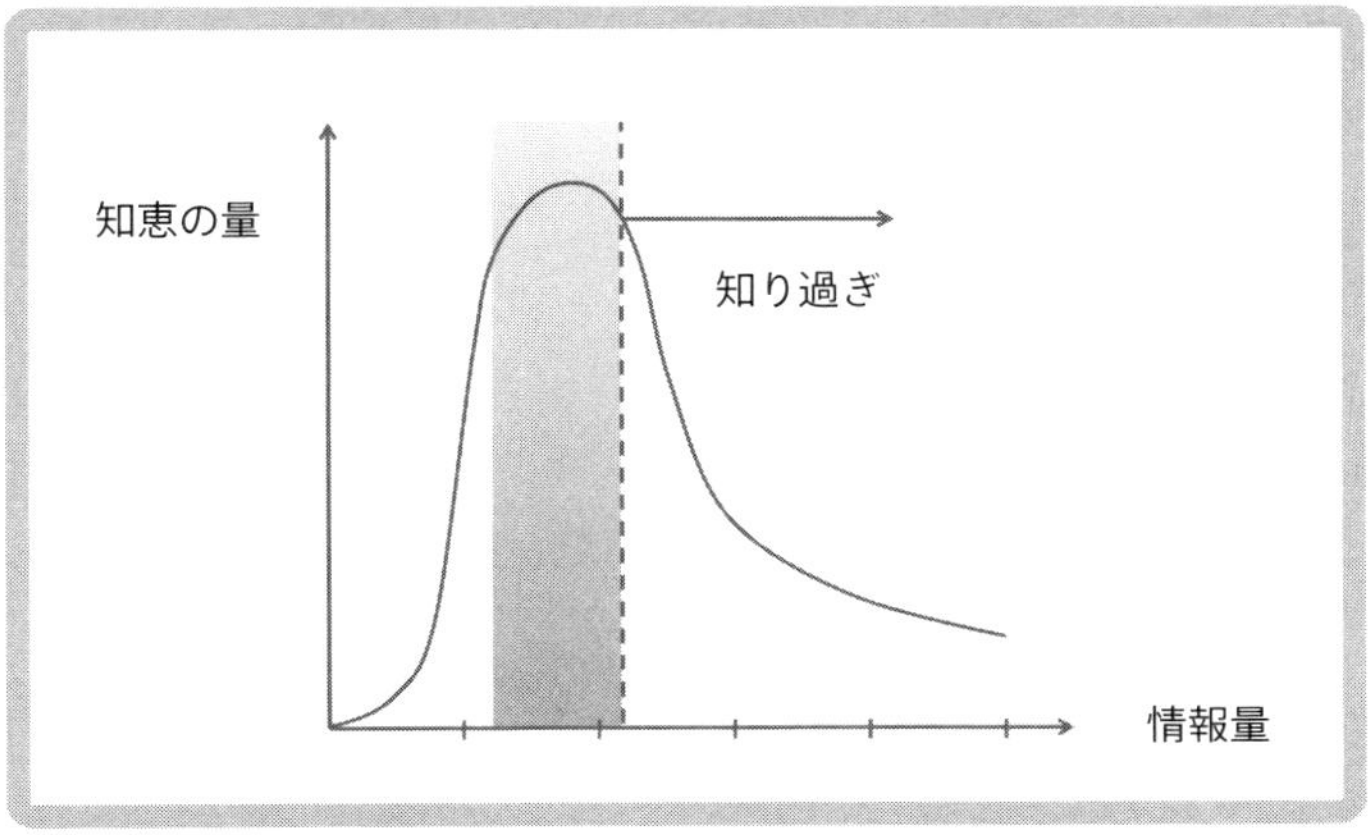

権威となるようなレベルに到達すると、若かったときのようには強烈なアイデアを生み出せなくなる、というのも同じ話だ。

また、これはビジネスの世界においてコンサルティング会社が存在している理由のひとつでもある。業界に精通した専門家をたくさん抱えているはずの一流の会社が高いフィーを払ってコンサルタントを雇うのは、自分たちは知り過ぎているが故に、その世界のタブーや「べき論」に束縛されてしまい、新しい知恵が出にくくなっていることが大きな理由のひとつだ。優秀であればあるほど、このような「知り過ぎ」の状態に到達しやすく、そこに到達すればするほど知識の呪縛から逃れられなくなる。

人がある領域について関心をもち、新しい情報を最初に得ていくとき、はじめはいろいろな引っかかりがあり、疑念をもつものだ。それを人に尋ねたり解明したりしていくたびに、自分なりの理解が深まり、新しい視点や知恵が湧いてくる。これが消えないレベルで、つまり「知り過ぎたバカ」にならない範囲で情報収集を止めることが、イシュー出しに向けた情報集めの極意のひとつだ。

イシュー特定の5つのアプローチ

通常のやり方ではイシューが見つからない場合

よいイシューの条件に従い、本質的な分岐点を探し、構造的な理解ができないか試み、また現在信じられている常識の否定ができないかを検討した。またそのネタ出しとして現場に立ち、一次情報に（集め過ぎない程度に）触れた。それでも、「何がイシューなのかわからない」ということもあるだろう。そのようなときにはどうしたらよいか？

いちばん簡単なのは一度頭を休めて、もう一度、ここまで述べてきた基本作業を繰り返すことだ。再度一次情報に触れ、見識のある人と議論する。だが、情報は十分、もしくは集め過ぎで、イシューを引き出すための知恵が足りていない、という場合もある。そうした場合に使えるアプローチを5つ紹介しておきたい（図8、次頁）。

図8　イシューが見つからないときのアプローチ

アプローチ	内容	
① 変数を削る	いくつかの要素を固定して、考えるべき変数を削り、見極めのポイントを整理する	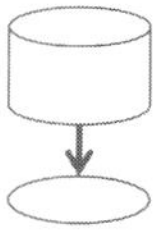
② 視覚化する	問題の構造を視覚化・図示化し、答えを出すべきポイントを整理する	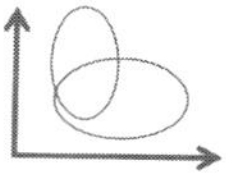
③ 最終形からたどる	すべての課題が解決したときを想定し、現在見えている姿からギャップを整理する	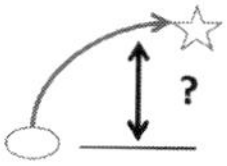
④「So what?」を繰り返す	「So what? ＝だから何？」という問いかけを繰り返し、仮説を深める	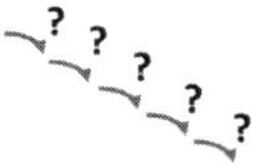
⑤ 極端な事例を考える	極端な事例をいくつか考えることでカギとなるイシューを探る	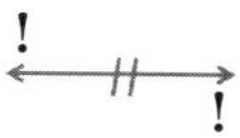

アプローチ① 変数を削る

関連する要素が多過ぎて、結局のところ何が肝心の要素なのか、何が決め手なのか、そもそもそうしたものがあるのかすら見えないことがある。「世の中の消費」や「自然における各生物の役割の関係性」などのテーマがその典型だ。

たとえば、「X」「フェイスブック」などのSNSサービスが商品購買行動にどのように影響しているか、それはどんな数字を見るとわかるのか、普及にあたって閾値《いきち》のような数字が存在するのか、それらはどのようにかかわり合っているのか、そうしたことを理解したい、と仮定しよう。すると、あまりにも要素が多く、すべての相関を取るようなアプローチは難しいことがわかる。仮に運よく数字を取ることができて何らかの情報の経路が見えたとしても、多くの要素が関連し合っていて、誰をも納得させるような検証はできないだろうことも想像できる。

このような場合は、「変数を削ることができないか」と考える。要素を削る、もしくは固定するのだ。たとえば、「商品購買行動」ではあまりに広過ぎるので、商品分野を「デジタル家電」のみに絞る。それでも広ければ「デジカメ」「プリンタ」など、さらに検討の対象を絞り込む。

こうすると変数がひとつ減る。次にSNSについても、「ミニブログ・ブログ・交流サイト」などにグルーピングする。ここでは、イシュー出しのために集めた一次情報、特にユーザーのヒアリングの声などが参考になるだろう。これによってこちらの変数も数十から数個のレベルにまで減らすことができる。

このようにして問題の関連要素を固定したりグルーピングしたりして削ることで、本当のイシューがはっきりしてくることが多い。

アプローチ② 視覚化する

人間は目で考える動物だ。よって、かたちが見えると急速にその対象について何かがわかったと感じることが多い（論理的に理解していないとしてもそのように知覚する）。実際、我々の脳の後頭葉のほぼすべては「ものを見る」ということに使われているとされ、目でかたちを見ることで急に本質的なポイントが顕在化することがある。この脳の性質を活用するのが2つめのアプローチ、視覚化だ。視覚化にはいくつか典型的なやり方がある。

検討するテーマそのものに空間的な広がりがある場合、たとえば「店舗における装置の置き方」を検討するような場合には、相互の関係を並べて絵にする。重なるものであれば上や下に重ねて絵にする。すると、どことどこのつながりがはっきりしないのか、どことどこの並びが問題なのかなど、見極めが必要なところ（イシュー）が見えやすくなる。

取り組みに順番があるような場合、パズルのブロックのように前から後ろに並べていく。単に紙に絵を描いてもよいし、ふせんやカードを活用してもいい。こうするなかで、このステップを統合することが本当のイシュー、このステップを削ることは実はイシューではない、といった課題の本質が見えてくる。

主要な属性（軸）の数値がいくつか取れるときには、グラフ化が有用だ。

図9　視覚化する

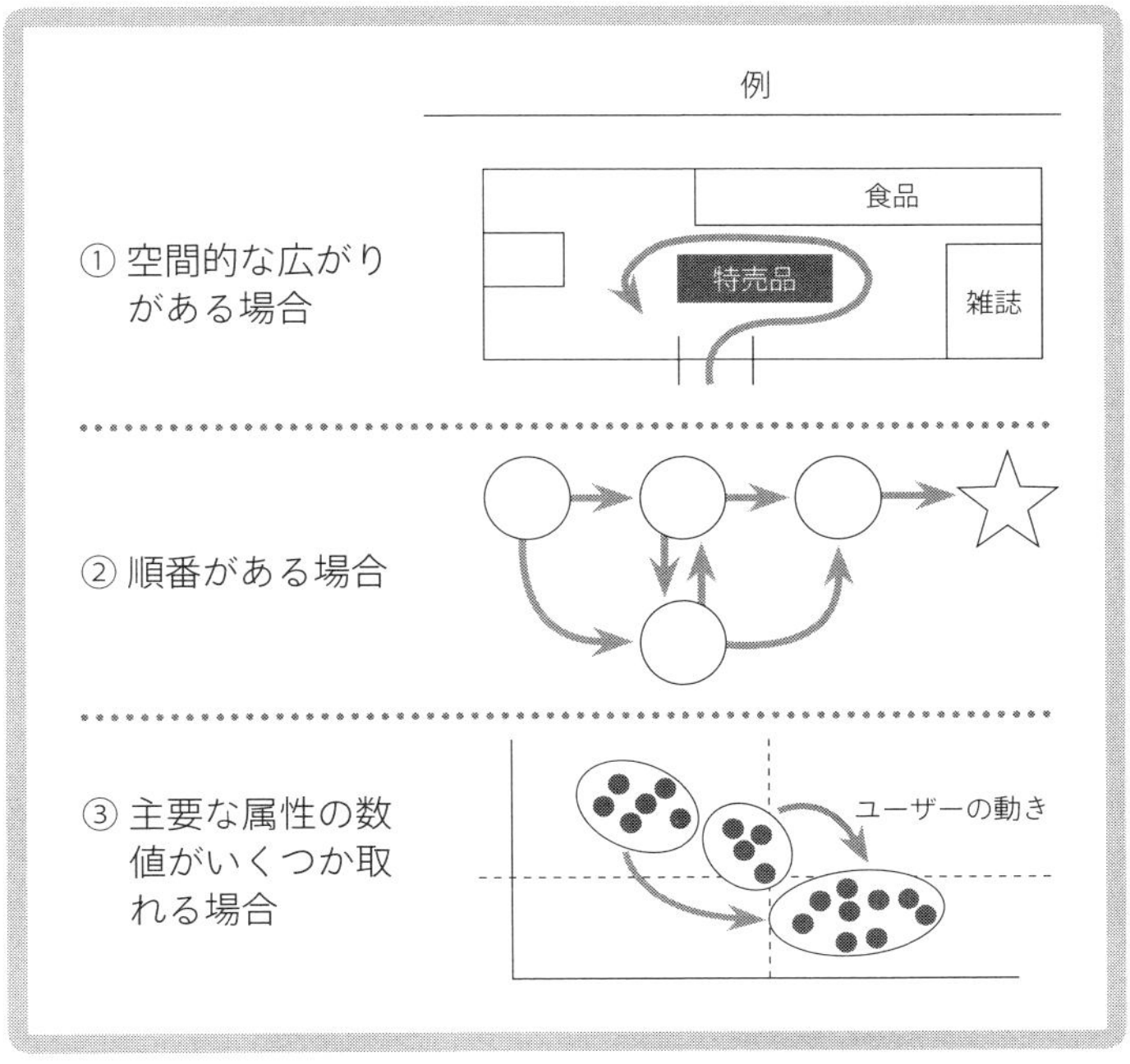

2つの属性を選んでプロットする、あるいは2つの属性を掛け合わせたものや割ったものをひとつの軸にして別の要素をもうひとつの軸におく。グラフ化すると、多くのサンプルがいくつかのグループに分かれることが見える場合も多い。こうした場合は一定以上（もしくは以下）の値に色づけすることで、さらにパターンがはっきりする。

たとえば、ビールの新製品の方向性を検討しているのであれば、とりあえず宣伝でよく使われているキレとコクなどを軸にしてプロットしてみる。すると、既存の手持ちの商品がどこにあるのか、市場のトレンドはどこに向かっているのか、それを踏まえるとどのような味の方向性があり得るのか、という広がりを前提とした見極めどころ（イシュー）が見えることもある。

アプローチ③　最終形からたどる

手っ取り早くイシューの広がりを整理するときには、「最後に何がほしいのか」ということから考えることも有用だ。

たとえば、自分の事業の3〜5年間の中期計画を考えようとするのであれば、「目指す姿とそこにたどり着く道のあり方」を設計することが「最後にほしいもの」となる。

では「目指すべき姿」は何がわかれば決められるのか、とさらに考えていく。すると、

1　現在の事業の状況（市場視点・競合視点）
2　事業はどのような姿を目指すべきか
3　3〜5年後の目的関数をどう置くか（相対的地位を守るか、市場を活性化するかなど）
4　そのときの強み、自社らしい勝ちパターンをどう考えるか
5　それは数値的にどう表現できるか

というあたりが必要なことがわかる。この場合、1〜5のそれぞれが答えを出すべき見極めどころ、すなわちイシューとなる。

科学の世界でも考えてみよう。

脳神経科学の分野において「ある特定の遺伝子の変異が50代以降でアルツハイマー病を引き起こす確率を大幅に高める」ことを検証しようとして研究を行っているとする。すると、

●50代以降である特定の遺伝子の変異をもつ人は、もたない人に比べて大幅にアルツハイマーにかかりやすい
●その差は50代以前では顕著ではない

少なくとも、この2点は検証しなければならないイシューとなる。よって、

●この変異の発生確率は年代に関係ないが、50代以上のアルツハイマー患者では、変異をもつ

人の割合がほかの年代の患者に比べて特異的に高い
といった検証があれば、イシューを検証する力強いサポートになる、という推定ができる。
このように見極めなければならないイシューを最終形から逆算的に考えることがこのアプローチだ。また、この方法によってイシューを構造化することができる（この部分は第2章で詳説）。

アプローチ④「So what?」を繰り返す

一見すると当たり前のことしかイシューの候補として挙がらないときには、「Ｓｏ ｗｈａｔ？（だから何？）」という仮説的な質問を繰り返すことが効果的だ。何度も自分に対し、あるいはチーム内で質問を繰り返すことで仮説がどんどん具体的になり、検証すべきイシューが磨かれていく。これはトヨタ自動車のカイゼン活動における「なぜなぜ5回」（問題の原因究明のために何度も「なぜ？」と問いかけて問題の核心を探る手法）に通じるアプローチだが、これを原因究明ではなく、答えを出すべきイシュー見極めのために使う。

たとえば、

「全世界を席巻するパンデミックとして感染力・毒性の高いＣｏｖｉｄ−19が出現」

という状況認識であれば、

「外に出ることを抑制せよ」「人との物理的な距離を確保せよ」

あたりが解決すべき課題になるが、これでは対症療法的で本質的に解決すべき課題がよくわからない。ここでＳｏ ｗｈａｔ？と問い、

「ウイルスが自然消滅する可能性は低く、特効薬が生まれるか８割以上の集団免疫ができなければ、パンデミックは抑えられない」ということが見えると、

「特効薬を作れ」「集団免疫レベルを上げろ」

と少なくとも本質的な改善に向けた取り組みの方向性が明確になる（１回目）。ただ、前者は人類の過去の経験上、短期的にはほぼ不可能な上、後者は何をやったらいいのかわからない。さらに集団免疫についてＳｏ ｗｈａｔ？と踏み込んで、

「集団免疫を創るためには自然感染を広めるか、ワクチン接種を広めるしかないが、ワクチンなしで自然感染を広めると１％近い死者が発生しうる」

と認識の解像度が上がれば解決すべき課題は、

「ワクチン製造を革新し、早期に開発せよ」「都市部および人口が多い国でワクチンの効果が減衰しないうちに早期展開せよ」

とはるかに明確な解決すべき課題となってくる（２回目）。ただこれでも本当に解決するのか微妙なので、さらにＳｏ ｗｈａｔ？をかけ、

「Ｃｏｖｉｄウイルスの変異は相当に早く、終生免疫ができるような感染症ではない」とわかれば、

「変異体の存在・広まりの検知体制を整え、持続性のある高速なワクチン開発および展開の体制を整えよ」「状況変化を迅速に察知しアジャイルにモード変容できる形に社会を刷新せよ」と今後を見据えたより深い解決が必要な課題が見えてくる（３回目）。

また、図10にまとめたとおり、「そもそもこの数十年、なじみのない感染症の発生が激増」というＳｏ ｗｈａｔ?も一方で考えられ、そちらからもロックダウンや距離確保とはまったく異なる課題が見えてくる。

このようにＳｏ ｗｈａｔ?（だから何?）を活用して、具体的に仮説を繰り返し立てることによって、深く、検証の価値があるイシューへと磨き込んでいくというのが、この「Ｓｏ ｗｈａｔ?を繰り返す」アプローチだ。

１９３９年１月16日、世界初の核分裂と思われる実験成功の話がエンリコ・フェルミに届いた。その卓越した洞察力で知られた彼は、ただちに「もし核分裂が行われるなら、その際、余分になった非常に大きいエネルギーが放出されること」「その際、やはり余分になった何個かの中性子が放出されるだろうこと」、その結果「出された中性子が次のウランに衝突することにより、ネズミ

◀出典
安宅和人「開疎化がもたらす未来」（2020年4月19日）
https://kaz-ataka.hatenablog.com/entry/2020/04/19/131331

安宅和人「そろそろ全体を見た話が聞きたい２」（2020年4月4日）
https://kaz-ataka.hatenablog.com/entry/2020/04/04/190643

図10　So what?の繰り返しによるイシューの磨き込み

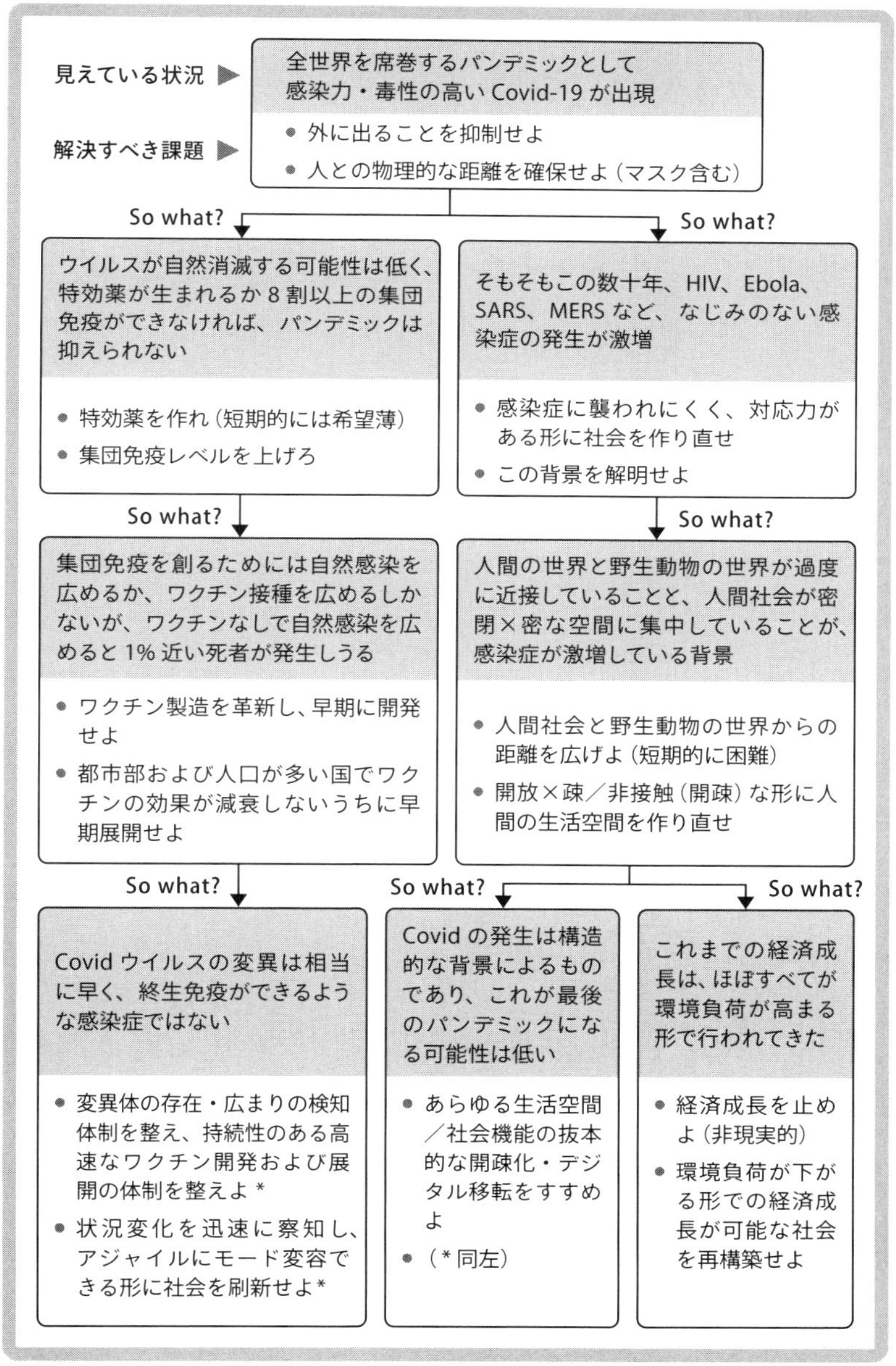
見えている状況
解決すべき課題
全世界を席巻するパンデミックとして感染力・毒性の高い Covid-19 が出現
● 外に出ることを抑制せよ
● 人との物理的な距離を確保せよ（マスク含む）
So what?
ウイルスが自然消滅する可能性は低く、特効薬が生まれるか 8 割以上の集団免疫ができなければ、パンデミックは抑えられない
● 特効薬を作れ（短期的には希望薄）
● 集団免疫レベルを上げろ
So what?
そもそもこの数十年、HIV、Ebola、SARS、MERS など、なじみのない感染症の発生が激増
● 感染症に襲われにくく、対応力がある形に社会を作り直せ
● この背景を解明せよ
So what?
集団免疫を創るためには自然感染を広めるか、ワクチン接種を広めるしかないが、ワクチンなしで自然感染を広めると 1% 近い死者が発生しうる
● ワクチン製造を革新し、早期に開発せよ
● 都市部および人口が多い国でワクチンの効果が減衰しないうちに早期展開せよ
So what?
人間の世界と野生動物の世界が過度に近接していることと、人間社会が密閉×密な空間に集中していることが、感染症が激増している背景
● 人間社会と野生動物の世界からの距離を広げよ（短期的に困難）
● 開放×疎／非接触（開疎）な形に人間の生活空間を作り直せ
So what?
Covid ウイルスの変異は相当に早く、終生免疫ができるような感染症ではない
● 変異体の存在・広まりの検知体制を整え、持続性のある高速なワクチン開発および展開の体制を整えよ *
● 状況変化を迅速に察知し、アジャイルにモード変容できる形に社会を刷新せよ*
So what?
Covid の発生は構造的な背景によるものであり、これが最後のパンデミックになる可能性は低い
● あらゆる生活空間／社会機能の抜本的な開疎化・デジタル移転をすすめよ
● （* 同左）
So what?
これまでの経済成長は、ほぼすべてが環境負荷が高まる形で行われてきた
● 経済成長を止めよ（非現実的）
● 環境負荷が下がる形での経済成長が可能な社会を再構築せよ

算式に増していく、いわゆる連鎖反応の可能性を示すものであること」を指摘したという。これはまさに「So what?」の繰り返しによるイシュー出しの素晴らしい実例であり、後に現在の電力消費の何割かを担う原子力の開発、そして原爆の開発へとつながる歴史的な洞察であった。

ただ、この「So what?」を繰り返して仮説を磨く作業はなかなかしんどいものだ。仮説を立てるだけであっという間に時間が経ってしまい、脳が動かないぐらいまで疲れることも多い。最初はなかなか進まなくて当たり前なので、1人でやるよりもチームメンバーと一緒に、集中しながらも突っ込み合いつつ進めるとよいだろう。

アプローチ⑤　極端な事例を考える

要素や変数が入り組んでいる場合には、いくつか重要な変数を極端な値に振ってみると、どの要素の動きがカギになるのかが見えてくることも多い。

たとえば、会員を対象としているビジネスにおいて、収益向上が問題になっているとしよう。ひとつのビジネスにも収益の源はいくつもある。「商品売上＝収益A」「会員費＝収益B」「広告利用＝収益C」などがある場合、本当に収益向上に効く変数がどこにあるのか、という仮説は簡単には見えてこない。このような場合に「市場規模」「市場のシェア」など、基本的な要素を極端な数値にしたときに何が起こるのかを考えてみる。「市場が10倍になったら、あるいは5分の1になったら」「シェアが3倍になったら、あるいは3分の1になったら」と考えていくのだ。このようにしてカギとなる要素の候補を3つ程度に絞り込むことができれば、「そのうちのどれが本当のところ大きな要素なのか」をはっきりさせることがイシューとして見えてくる。

＊＊＊

いかがだったろうか。これがすべてではないが、おおむねこのようなアプローチを活用することで本質的なイシューを見つけ、深い仮説を立てられることが多い。

これでもうまくいかないときはイシューを解けるかたちで設定し直せないかを考え、それでも難しい場合は「そのイシューは答えが出ない」として、ほかに本質的なイシューがないかを探す、というのが現実的なアプローチだ。

column

課題解決の2つの型

この本は知的生産についての本であり、いわゆる課題解決（ｐｒｏｂｌｅｍ ｓｏｌｖｉｎｇ）の本ではないが、その視点で読む方が随分いらっしゃるようなので改訂に当たり、２つの点について補足したい。

ひとつは2つの課題解決の話であり、もうひとつはその課題の設定の際に見極めるべき広がりの話だ。

課題解決は、あまり多く語られることがないが大きく2つの型がある。ひとつはあるべき姿が明確な場合の課題解決であり、もうひとつはそもそもどういう姿が望ましいかを見極める必要がある場合の課題解決だ。たとえば、激しい頭痛を治す、というのは前者にあたり、２０２４年の年始に被災した能登の復興は一見前者に見えるかもしれないが実は後者にあたる。

前者はあるべき姿とのギャップとその原因をはっきりさせるという意味で、ギャップフィル型の課題解決ということができ、後者はそもそもあるべき姿をはっきりさせるという意味でビジョン設定型の課題解決と呼ぶことができる。

ギャップフィル型の場合、あるべき姿は明快であり、課題解決のポイント（第一に答えを出すべきイシュー）はそのあるべき姿とのギャップが何によって生まれたのかを適切に見極める（診断する）ところにある。

たとえば、激しい頭痛であれば、脳内出血、脳脊髄液（ＣＳＦ）の循環障害、脳腫瘍、髄膜炎や脳炎などの感染症、非常に高い血圧、ストレスや姿勢の悪さによる緊張性頭痛、特定の薬物の過剰摂取や、カフェインなどの物質の突然の使用中止、片頭痛、群発性頭痛、などさまざまな原因が考えられ、それが何によるものなのかがわからなければ適切に手を打つことができない。

見極めにおいてはありうる原因を緊急性と深刻さ、頻度からチェックし、ロジックツリー的に原因を絞り込んでいく。もっとも確からしい原因を見極め、それに沿って手を打っていく。問題が起きるパターンについての体系的な知識、あるいは論理的な整理が必要ではあるが、原因が特定できればやるべきことも相当明確になる（明快な打ち手がわかってない時はそれがわかる）。これらの課題解決は故障の原因解明や、一時的な売上不振の解決など、おそらく世の中の課題解決の8〜9割を占めると思われる。

ビジョン設定型の場合はまったく異なる。たとえば先ほど述べた能登の場合、土地ならではの文化と魅力を維持しつつも、継続して改善していこうと思うなら、経済的に回るようにする必要がある。

一方、疎空間は能登に限らず経済的には都市からの多大な輸血によって際どく維持されているのが現状だ。[1] したがって、ここで千億円単位のお金を投下して道や上下水道などの社会インフラを元通り復旧しても、社会全体が長期にわたる人口調整局面にある中、[2] この投資がペイし、系が正しく回り始めることは考えにくい。単純にもとに戻すのではなく、ひとつの持続性をもつ系（相互に関連し影響し合う要素の

1 「疎空間」は都市集中型社会のオルタナティブ創造を目指す「風の谷を創る」運動論（一般社団法人 残すに値する未来）における都市との対比語。日本の場合、土地の8割前後を占める人口密度50人/km²以下程度の空間を指す。安宅和人『シン・ニホン』（NewsPicks パブリッシング、2020）第六章および「風の谷 A Worthy tomorow」HPを参照

2 安宅和人「人類の抱える2大課題、、実魂電才（物魂電才2）」（2023-12-23）https://kaz-ataka.hatenablog.com/entry/2023/12/23/132444

3 2011年の3.11（東日本大震災）の際は、大半の被災地で被災前よりコストの高い修繕が行われた

集合体であり、時間とともに変化する動的な構造を持つもの）としてつくり直すためには、あるべき姿から考え直す必要があることは明らかだ。しかも参考になる事例はほとんどない。[3]

さらに仮にそのような姿が見えたとしても、どのようにしたらそこにたどり着けるか自体も明確な答えが簡単に見つからない。このタイプの課題解決は、世の中の課題解決の１割もあるかどうかだと思うが、これこそがＡＩ×データ時代に人間に求められる真の課題解決とも言える。

僕はこれまで長年幅広い課題解決に

図11　課題解決の２つの型

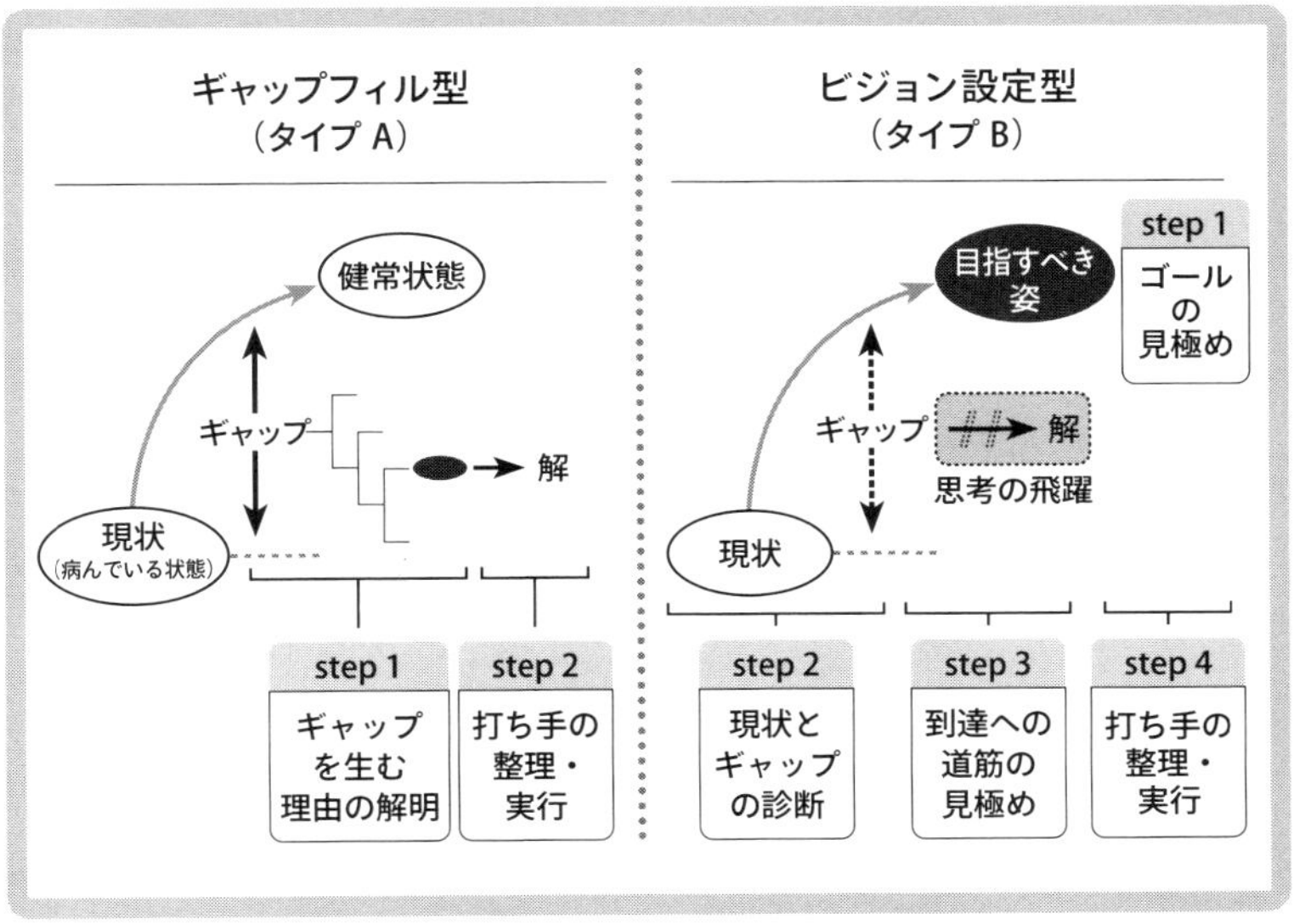

出典：安宅和人『知性の核心は知覚にある（perception represents intelligence）』DIAMONDハーバード・ビジネス・レビュー、2017年5月

携わってきたが、ビジョン設定型の課題解決をギャップフィル型のアプローチで解こうとして行き詰まっているケースを多く見てきた。世の中の課題解決を謳う書籍の大半もギャップフィル型の処方箋がメインになっている。現状、あるべき姿、ギャップ、ソリューションという構造は同じでも、けりをつけるべきポイント（イシュー）が根本的に異なるのだ。

もう一点、課題解決型のプロジェクトを始める際に、最初に整理しておくべき6つのポイントを書いておこう。

1　基本課題（basic question）

課題解決の対象（事業、地域ほか）に対し、十分なインパクトを生み出すために何が解決されなければならないか。すっと書けそうに思うかもしれないが、実際には次の項目以降を整理した上でないとはっきりさせられないことが多い。ここで、先ほど述べたギャップフィル型かビジョン設定型なのかの見極めも必要になる。

2　課題の背景（context）

なぜ今、この課題を検討しているのか。いわゆる文脈や背景だ。これなしで始める議論は空虚になりがちであり、主語が変わっても成り立つような一般的すぎるものになりがちだ。

3　成功の要件(criteria for success)

このプロジェクトは何がどうなったら成功したことになるのか、このフェーズは何がどこまでいけばまずまず目標を達成したと言えるのか。これがなければさまよい始めて着地できなくなる。大きなプロジェクトにおいてフェーズやチャンクを刻むというのはまさにこれをやっていることが多いが、これは全体としてもしっかりと考える必要がある。

4　解の検討範囲(solution space)

そのようなことを検討してもしょうがない、ここまでで考えるという領域が多くの場合あるものだ。たとえば事業戦略において他社との合弁は考えないなどだ。これをプロジェクト開始前に理解しておくことはとても大切だ。

5　制約条件（constraints）

時間、空間、リソースなど制約条件のないプロジェクトは稀だ。こんなものがあるからと思わずにむしろ歓迎する姿勢が必要だ。建築家の友人は「制約条件がない建物は考えようがない」ともいう。むしろ、それらがヒントにならないか、と思う姿勢が大切だ。

6　意思決定者（decision makers）

どのようなプロジェクトでも判断のガイドライン（例：成功の要件）とは別に重要な舵切りの判断、成功状態を判断する人が具体的にいるものだ。一人とは限らないが、誰が意思決定をし、誰が大きな壁となるのかはしっかりと見極めておく必要がある。

いわゆる通常の枠を超えた答え（out of the box solution）がないと壁を超えられないことや、制約条件が外せるとどうなるかを考えておかないと将来的に危ないケースは多々ある。その検討のためにも解の検討範囲と制約条件を、プロジェクト開始段階で一度整理しておくことは重要だ。

column

チームで行うプロジェクトの場合、立ち上がり段階でこれらの整理に数時間は投下することを強く推奨する。

chapter

ISSUE DRIVEN

同じテーマでも、仮説の立て方が周到かつ大胆で、実験のアプローチが巧妙である場合と、仮説の立て方がずさんでアプローチも月並みな場合とでは、雲泥の違いが生ずる。(略)天才的といわれる人々の仕事の進め方は、仮説の立て方とアプローチの仕方の二点が優れて個性的で、鋭いひらめき、直観に大いに依存している。

――箱守仙一郎

箱守仙一郎：分子生物学者・元ワシントン大学教授・米国科学アカデミー会員
『ロマンチックな科学者――世界に輝く日本の生物科学者たち』
井川洋二編、羊土社

イシュー分析とは何か

生産性を劇的に高めるためにもっとも重要なのは、第1章で述べた「本当に意味のある問題＝イシューを見極めること」だ。だが、これまで述べてきたとおり、これだけでは「バリューのある仕事」は生まれない。イシューを見極めたあとは「解の質」を十分に高めなければならない。

解の質を高め、生産性を大きく向上させる作業が、「ストーリーライン」づくりとそれに基づく「絵コンテ」づくりだ。この2つをあわせて「イシュー分析（またはイシューアナリシス）」と言う。これは、イシューの構造を明らかにし、そのなかに潜むサブイシューを洗い出すとともに、それに沿った分析のイメージづくりを行う過程だ。これによって最終的に何を生み出すのか、何を伝えることがカギとなるのか、そのためにはどの分析がカギとなるのか、つまりは活動の全体像が明確になる。

ストーリーラインと絵コンテは、検討が進むにつれてどんどん書き換えていく。

最初は、イシュー検討の範囲と内容を明確にするために使い、次の段階では進捗の管理やボトルネックの見極めに生きてくる。最終段階ではプレゼンテーションや論文の仕上げに使い、全体のサマリーそのものになる。

検討プロジェクトがはじまったら、できるだけ早い段階でこれらの一次バージョンをつくる。3、4カ月のプロジェクトであれば、最初の週の最後、遅

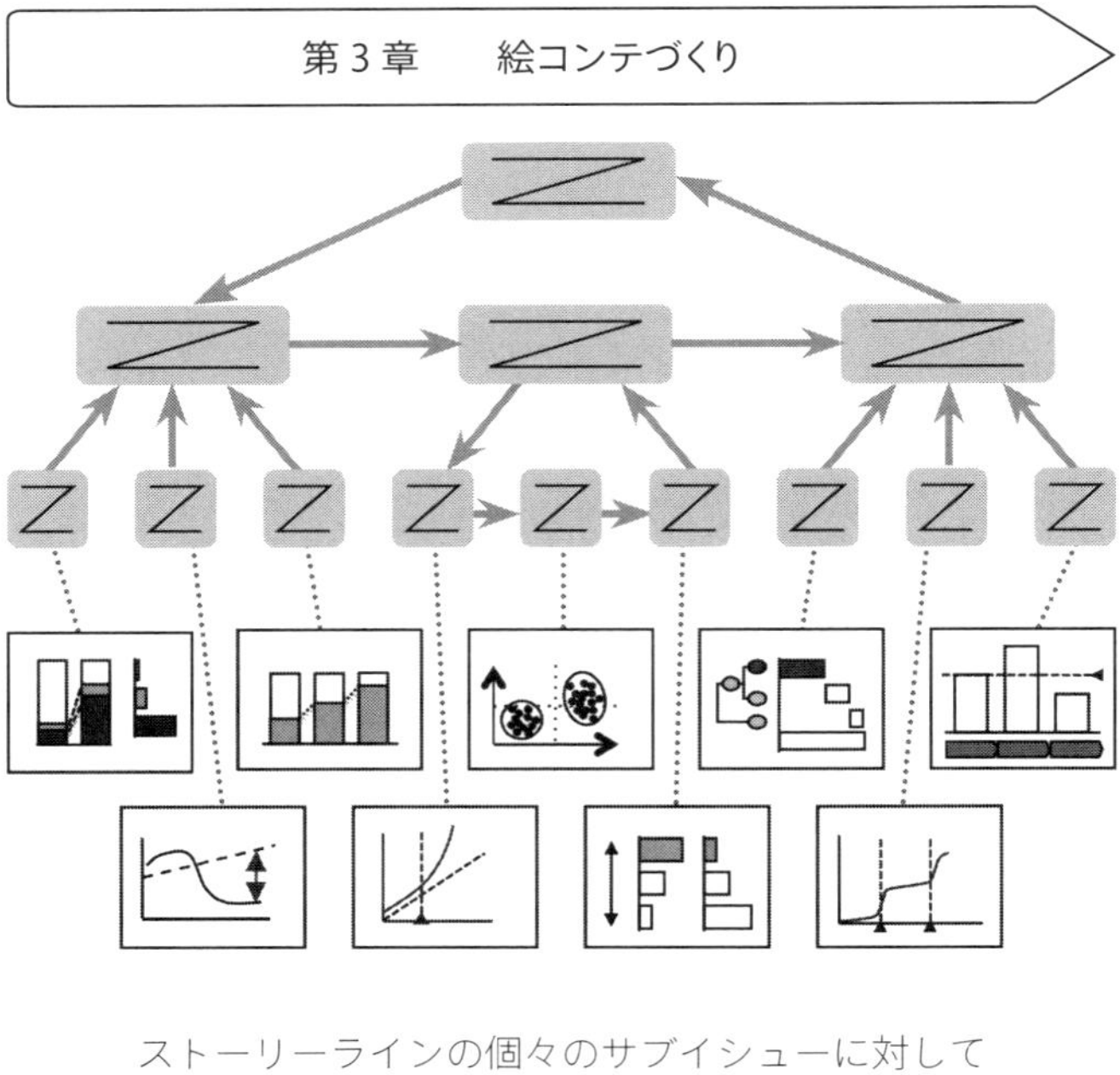

ストーリーラインの個々のサブイシューに対して
必要な分析・検証のイメージをまとめる

くとも2週目のはじめには、「1週間目の答え（ワン・ウィーク・アンサー）」と呼ばれる第1次ストーリーラインをつくるというのが理想だ。

本章ではストーリーラインづくりとその進め方のコツについて紹介し、第3章では絵コンテづくりのコツを紹介する（図1）。

図1　イシュー分析の全体像とストーリーラインづくり

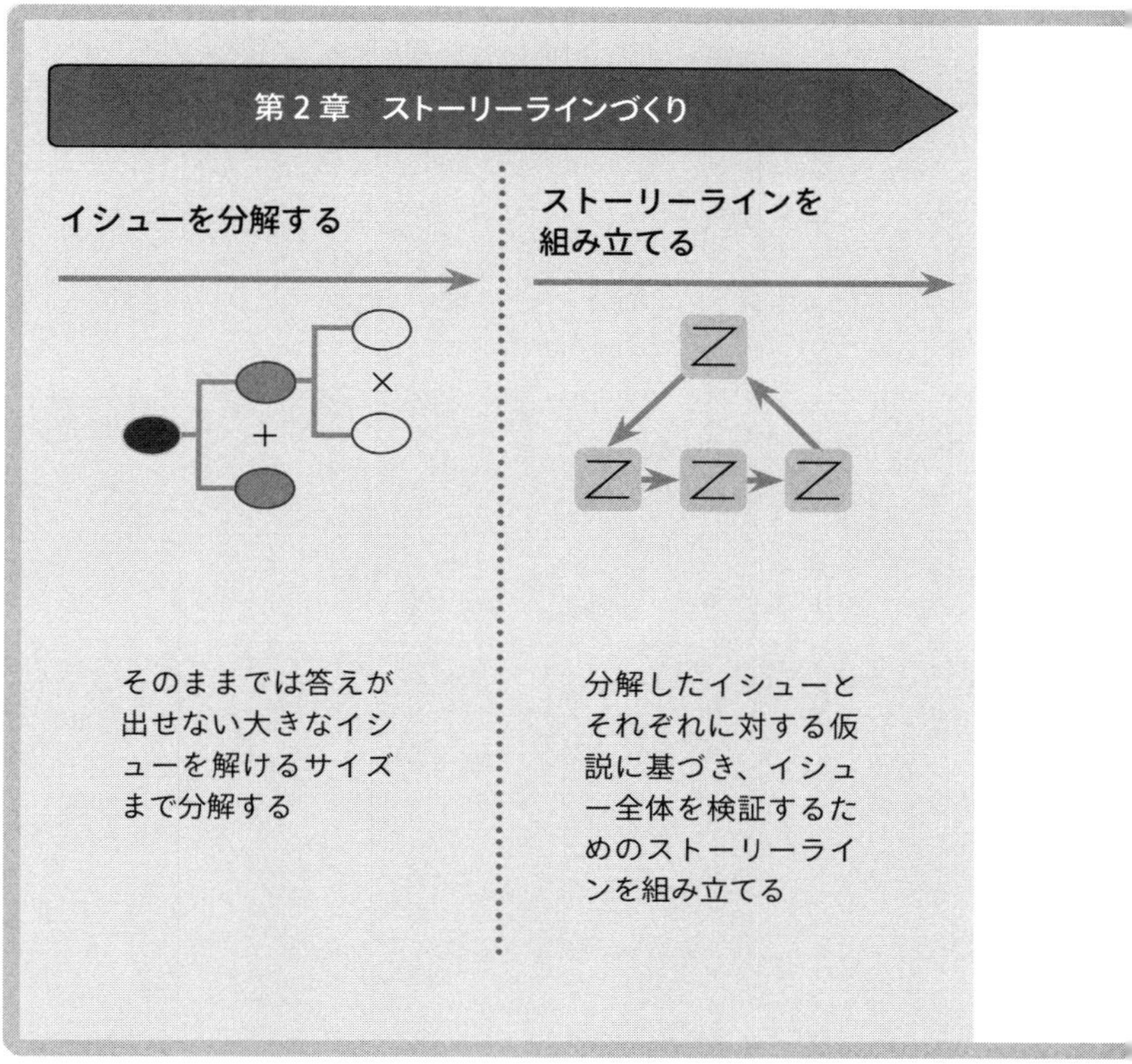

第2章　ストーリーラインづくり
イシューを分解する
ストーリーラインを組み立てる
そのままでは答えが出せない大きなイシューを解けるサイズまで分解する
分解したイシューとそれぞれに対する仮説に基づき、イシュー全体を検証するためのストーリーラインを組み立てる

イシュー起点でストーリーを組み立てる

イシュー分析の第1ステップであるストーリーラインづくりについては、まず具体例を見てほしい。かつて、僕は自分のブログで「日本の大学の財源問題」について書いたことがある。内容は「現在、国内の大学が行っている統廃合やコスト削減は財源問題の解決策となるか」というものだ。僕がはじめに仮説的に書いたのは、次のようなストーリーラインだ。

1　日本の大学は主要大学であっても、根本的に資金が足りていない
2　日本の主要大学と海外のトップ大学との違いは、（一般に言われるような）学費や事業収入によるものではなく、巨額の投資収入・国からの助成等の構造的な収入構成による
3　投資・助成いずれにおいても、海外トップ大学は日本の大学とはまったく異なるレベルの資金規模とそれを取り込むしくみをもっており、それは簡単に追いつけるものではない
4　以上を踏まえると、現在日本の大学が行う業務改善や統廃合といった方法では、世界のトップ大学に伍す大学運営が実現できるとは考えにくい
5　海外のトップ大学並みの経済基盤をつくろうとすれば、大学の自主財源確保と国からの助

成のケタ違いの増額を目標として設定し、そこに向けたロードマップを描くべき

実際には、ここからさらに検証できる細かい要素まで落とし込んだが、ストーリーラインというもののおおよそのイメージはつかんでいただけるだろう。

こうした場合によく見るアプローチは、次のようなものだ。

1 イシュー（この場合は大学の財源問題）に関するデータを集めまくり
2 データが出尽くした段階でその意味合いを考え
3 それを並べて、ストーリーを組む

このように個別の分析を進めて、検証結果を追加し、場合によっては「本当に全部のデータを集めたのか」という不安にかられ、データを取り直したりする。だが、本書で紹介しているやり方はこれとはまったく逆だ。劇的に生産性を高めるには「このイシューとそれに対する仮説が正しいとすると、どんな論理と分析によって検証できるか」と最終的な姿から前倒しで考える。

ストーリーラインづくりのなかにも2つの作業がある。ひとつは「イシューを分解すること」、もうひとつが「分解したイシューに基づいてストーリーラインを組み立てること」だ。まずは「イシューの分解」について説明していこう。

STEP 1

イシューを分解する

意味のある分解とは

多くの場合、イシューは大きな問いなので、いきなり答えを出すことは難しい。そのため、おもとのイシューを「答えを出せるサイズ」にまで分解していく。分解したイシューを「サブイシュー」という。サブイシューを出すことで、部分ごとの仮説が明確になり、最終的に伝えたいメッセージが明確になっていく。

イシューを分解するときには「ダブりもモレもなく」砕くこと、そして「本質的に意味のある固まりで」砕くことが大切だ。

たとえば、「卵の成分ごとの健康への影響」をイシューとした場合、サブイシューでは白身・黄身などの成分に分けた検討が必要になるだろう。だが、ここでよくあるのが、ゆで卵をスライスするように同じようなサブイシューばかりを設定してしまうことだ。確かにダブりもモレもないが、これでは何と何を比較し、何に答えを出そうとしているのかがわからない（図2）。

「そんなバカげたことがあるわけがない」と思われるかもしれないが、現実では、これに近い例をたくさん目にする。「ダブりもモレもなく」という概念は「MECE《ミーシー》」（128頁で詳説）という言葉で説明されることも多いが、こうしたものを学びはじめた当初は、本当に切り分けるべき構造に目配りができないことも多い。

「ある商品の売上をてこ入れしたい」という課題について検討しているとしよう。

「売上」を分解しようとすると、「個数×単価」「市場×シェア」「ユーザー数×ユーザーあたりの売上」「首都圏売上＋関西売上＋他地域売上」など、無数の切り分け方ができる。どれも「ダブりもモレもなく」になってはいるが、それぞれの

図2　無意味な分解と意味のある分解

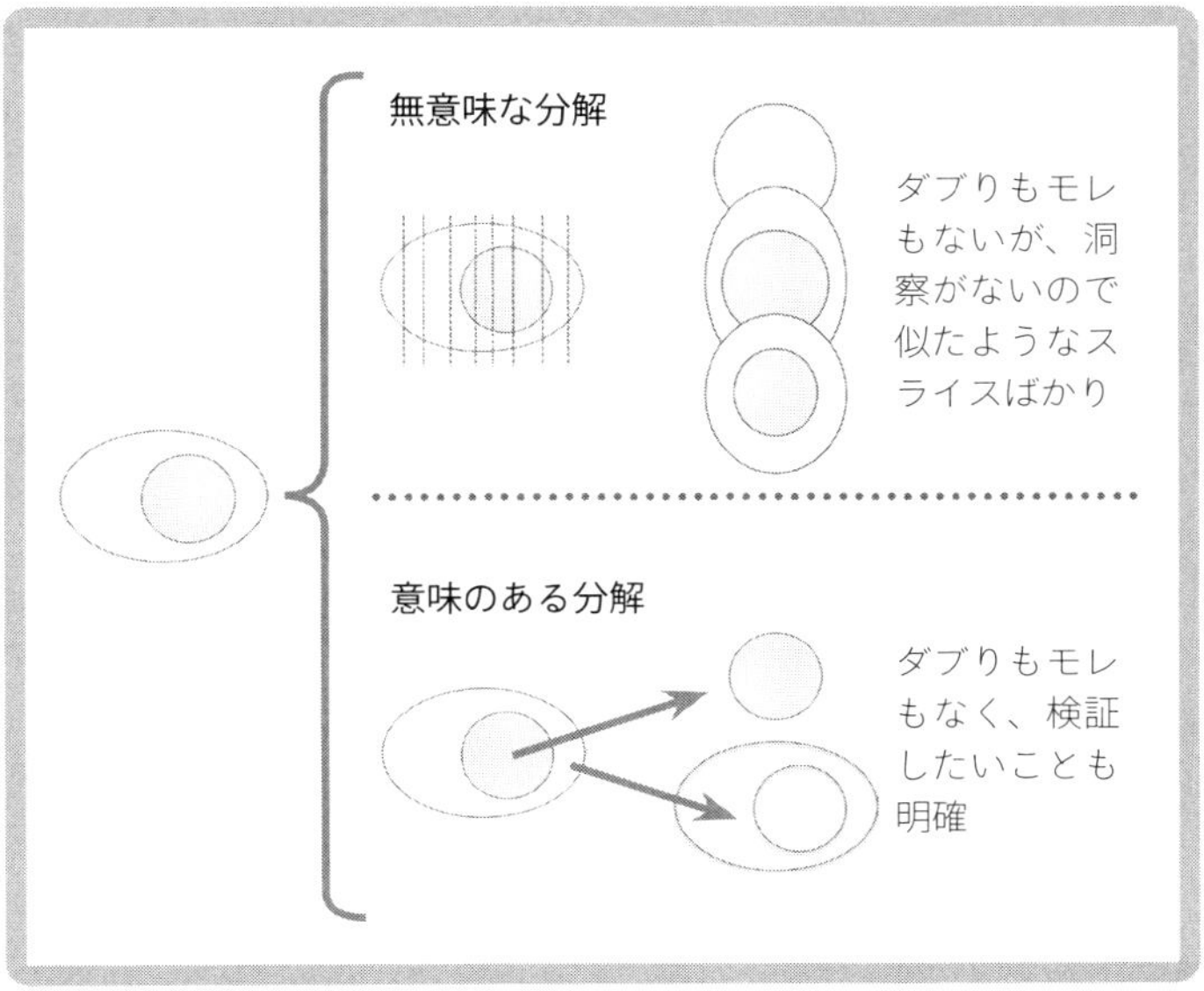

検討が同じ答えにたどり着くことは決してない。つまり、入口にあたる「切り分け方」を誤ると、その分析自体が行き止まりになってしまう可能性が高いのだ。したがって「本質的な固まりで」切り分けることはとても重要なポイントになる。

「事業コンセプト」の分解

イシューの分解について、例を挙げて考えていこう。

「新規事業コンセプトの有望なアイデアを検討する」というプロジェクトの場合、「事業コンセプト」自体が非常に大きな概念なので、このまま仮説を出してイシューを磨こうとしてもあいまいな仮説しか立てられない。「事業コンセプトとは何か」と言うと、さまざまな考え方があると思うが、ひとつの考え方として次のようなものがあるだろう。

1　狙うべき市場ニーズ
2　事業モデル

事業コンセプトをこの2つの要素の掛け算と考えると、相互に制約は受けるものの、それぞれを独立したものとして扱うことができる。

具体的な仮説がない段階では、「市場ニーズ」のイシューは「どのような市場の固まり・ニーズを狙うのか」、「事業モデル」のイシューは「どのような事業のしくみで価値提供を行い、事業を継続的に成り立たせるか」となる（図3）。

この段階でもまだイシューの固まりが大きいので、答えを出すためにもう一段砕いていく。「市場ニーズ」の場合は、

- どのようなセグメントに分かれ、どのような動きがあるか……ニーズ視点でのセグメンテーション・セグメントごとの規模と成長度
- 時代的に留意すべきことはあるか……

図3　事業コンセプトの枠組み

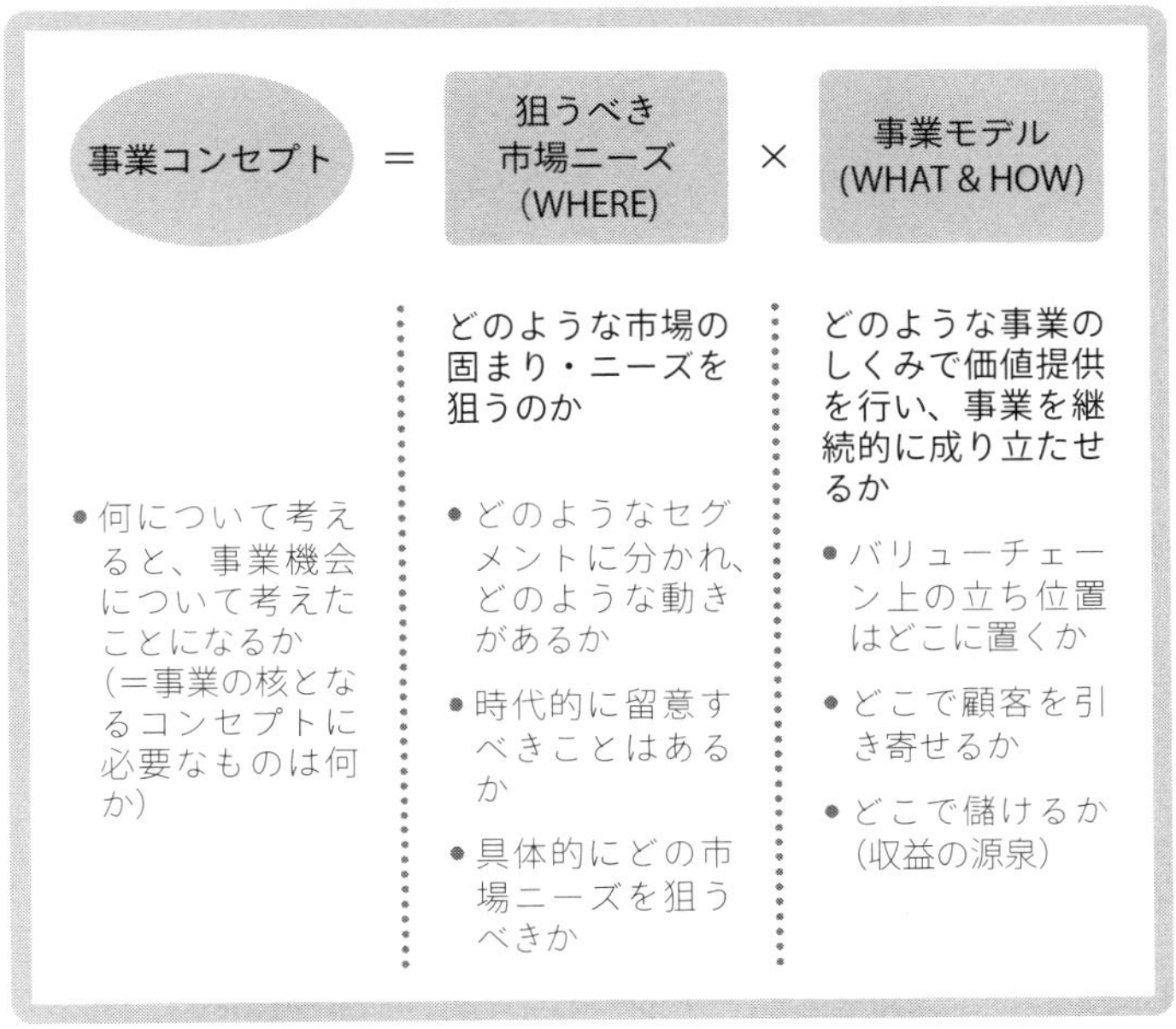
事業コンセプト
=
狙うべき市場ニーズ (WHERE)
×
事業モデル (WHAT & HOW)
どのような市場の固まり・ニーズを狙うのか
どのような事業のしくみで価値提供を行い、事業を継続的に成り立たせるか
●何について考えると、事業機会について考えたことになるか（＝事業の核となるコンセプトに必要なものは何か）
●どのようなセグメントに分かれ、どのような動きがあるか
●時代的に留意すべきことはあるか
●具体的にどの市場ニーズを狙うべきか
●バリューチェーン上の立ち位置はどこに置くか
●どこで顧客を引き寄せるか
●どこで儲けるか（収益の源泉）

不連続的な変化の有無と内容、ユーザーのスイッチトレンドの有無と内容、国内外先端事例からの気づき

- 具体的にどの市場ニーズを狙うべきか……取り得るオプション、競争視点からの評価・自社の強み、取り組みやすさからの評価

という3つのサブイシューにまで落とし込めば仮説が立てやすくなり、具体的な検討につなげることができる。「事業モデル」も同じように分解していく（図3、前頁）。

イシューを分解する「型」

これまでの話を聞いて、「イシューを分解するのは大変そうだ」と思われただろうか？　幸いなことに、多くの典型的な問題の場合にはイシューを分解する「型」があり、それを使ってしのぐことができる。

先ほど紹介した「事業コンセプトの分解」も典型的な型のひとつだが、ビジネスの世界で使い勝手がよいのが、事業単位の戦略立案時に使う「WHERE・WHAT・HOW」と呼ばれる型だ。内容はいたってシンプルで、

●WHERE…どのような領域を狙うべきか
●WHAT……具体的にどのような勝ちパターンを築くべきか
●HOW………具体的な取り組みをどのように実現していくべきか

という3つにイシューを分解して整理する。

なお、ここで言う事業戦略の定義は、

●市場を含む事業環境の構造的な理解に基づき
●自社の強みを生かした継続性のある勝ちパターンを明確にし
●一貫したビジネスの取り組みとしてまとめたもの

となり、このように明確に定義できるものは、それを基本としてイシューを分解することができる。そのまま答えにならなくとも、何らかのヒントになることが多いだろう。

僕の科学における専門である脳神経科学の場合には、領域内の分類である、

●生理学的（機能）
●解剖学的（形態）
●分子細胞生物学的（しくみ）

という3つでイシューをざっくりと分解することが多い。

「ある病気の原因」を考える場合であれば、

- このような神経の働きの異常が起き（機能）
- このような神経系の変化をもたらし（形態）
- それにはこの遺伝子の変化が引き金になっている（しくみ）

といった感じだ。

多くの検討テーマでこのような分解するための型が存在するが、何より強力なのは「自分の視点を加えた型」をつくることだ。新しいテーマに取り組むたびに、似たような過去の事例を集めて眺め、共通項をベースにして自分の気になる視点を加え、自分らしい型をつくっていきたい。

型がないときには「逆算」する

新規性の高い課題の場合、イシューを分解するための型がほとんどないこともある。ビジネス分野の場合、こういう課題の解決のために専門のコンサルティング会社があったりするわけだが、常にこういう人たちに頼めるわけではない。科学の研究の場合は、これに相当する存在自体がないだろう。だが、このような場合もやりようはある。

たとえば、現在（2010年旧版出版の当時）ではほとんど存在しないに等しい「電子商品券」という商品を開発しなければならない、という状況を想像してみよう。

ここでの電子商品券の定義とは「ネット上に価値が存在し、使える場所が限られている。また、人に贈答することが前提となる」というもので、いわゆる「電子マネー」とは異なるものだ。まだ現実にはない商品なので、商品を構成する要素、つまりは枠組み自体がはっきりしない。

こうした場合には、第1章でも出てきた「最後にほしいもの」から考えてみる。

商品開発が課題であるこのケースでは、「最後にほしいもの」は「核となる商品コンセプト」だろう。つまりは、

1　いつ・誰が・どのような場面で使うものなのか／なぜこれが既存の支払い手段より役立つことがあるのか

というものだ。これがはっきりしていないと話がはじまらない。

コンセプトの次に必要となるのは、

2　どのようなフィーとコストが発生し、どう役割分担するのか／どう採算を合わせるのか

という「エコノミクスの枠組み」だろう。たとえば、クレジットカードの場合であれば「カード発行会社」「利用店舗増とメンテナンスをする会社」「電子的情報処理を行う会社」という3社が役割と費用を分担しながら業務を行っている。電子商品券の場合には、価値を発行する機能を誰が担うのか、という見極めも必要だ。機能を洗い出した上で、それぞれの機能をどの会社が担うのかを決める。さらに、そうした枠組みだけではビジネスはできない。

3　この枠組みに基づき、どのようにシステムを構築し、どのように運用するかという「ITシステム」の検討も不可欠だ。

1〜3があれば、根本的な商品の「しくみ」はできるだろうが、これだけではまだビジネスにはならない。しくみに加えて、

4　この電子商品券をどんな名前にして（ネーミング）、既存ブランドとどう関係づけるのか（ブランディング）／ロゴや基本デザインはどうするのか（デザインシステム構築）／全体をどのようにプロモートしていくのか（プロモーション）

といった広範なマーケティング関連の課題が存在する。

さらに、これでも肝心なところが抜けている。

5　使用店舗と発行場所の確定と拡大の目標を設計し、推進する「戦略的提携」

6　導入店へのオペレーションと本部のメンテナンス・サポート機能を整備する「店舗支援

業務の設計」

も必要だ。こうして仮想的にシミュレーションをしてみると、この電子商品券のケースでは少なくとも6つの検討事項の固まりがあり、それぞれに答えを出すべきイシューがあることがわかる。

このようにして「最後に何がほしいのか」から考え、そこから必要となる要素を何度も仮想的にシミュレーションすることが、ダブりもモレもないイシューの分解の基本となる。

イシューを分解する効用

イシューを分解し、課題の広がりを整理することには、次の2つの効用がある。

1　課題の全体像が見えやすくなる
2　サブイシューのうち、取り組む優先順位の高いものが見えやすくなる

先ほどの電子商品券の例をもう一度見てみよう。課題の全体像については、イシューを砕いた結果、検討すべきことの広がりが見えてくる。何をどこまで検討すべきかが明確になり、それ

以外のことについては心を痛める必要がないことがわかる。

また、優先順位については、「核となるコンセプト」づくりが最初に整理されるべき課題で、次に「エコノミクスの枠組み」があり、ほかの課題はそれができたあとに取り組めばよい、ということがわかる。こうすることで、検討のフェーズをどのように設計するか、どのように人を割り振るべきかをイメージすることができる（図4）。

検討のフェーズが違うものが混ざっているときはそれを切り分け、現状でもっとも意味のあるイシューを明確にする。

分解してそれぞれに仮説を立てる

第1章で「仮説を立てること」の重要性について触れたが、仮説はイシューを分解したあとでも非常に大切だ。イシューを分解して見えてきたサブイシューについてもスタンスをとって仮説を立てる。見立て（仮説のベースとなる考え）が

図4　電子商品券の例におけるサブイシューの関連

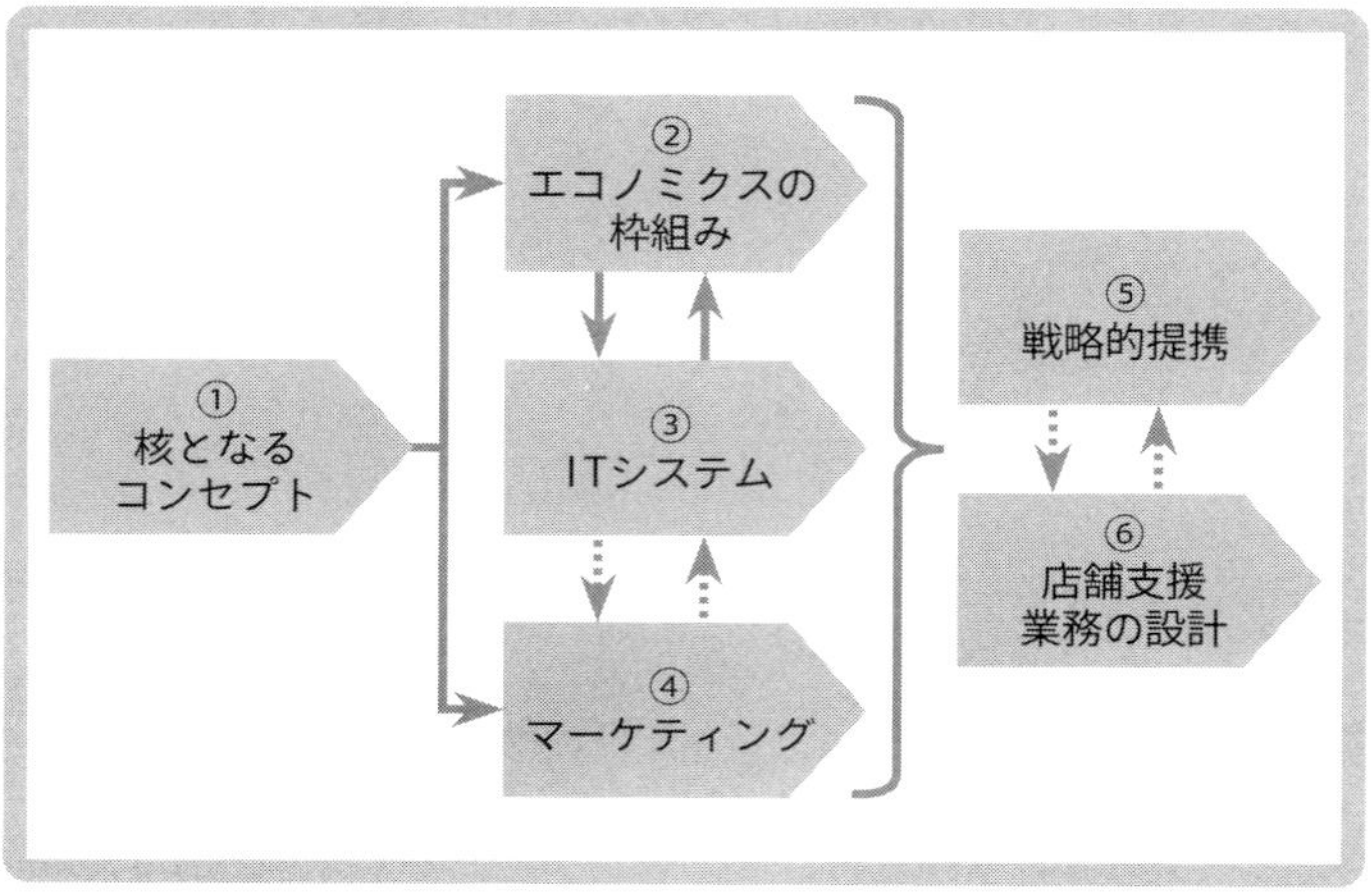

あればそれに越したことはないが、なくても強引にスタンスをとる。あいまいさを排し、メッセージをすっきりさせるほど、必要な分析のイメージが明確になるからだ。全体のイシューを見極めるときと同様に「フタを開けてみないとわからない」とは決して言わない。

第1章で説明したのでここでは補足に留めるが、事業戦略を検討する場合によく出るサブイシューとして「この先市場がどうなるか」というものがある。これについても、「どういう視点でそのサブイシューが問題だと思っているのか」は実際に仮説を立ててみないとわからない。

- 技術革新の影響を問題視している
- 新規参入者が競争環境を揺さぶると考えている
- 規模的な展望が一般に言われているものとは違うと想定している

といったそれぞれのケースで、まったく異なる分析と検討が必要になるだろう。

column

MECEとフレームワーク

ここまで、「イシューを砕く型」について説明してきたが、問題を検討する場面ごとに重要な役割を果たす「MECE《ミーシー》」と「フレームワーク」という2つの概念について説明しておきたい。

「イシュー見極めの情報収集」の場面や「イシューを分解する」場面で登場した「ダブりもモレもなく」という考え方のことをMECEという（図5）。もともと僕のいたコンサルティング会社の社内用語というべき言葉だったが、出身者たちの書籍などでだいぶ広まったので、ご存じの方も多いだろう。そして、この考えを生かした汎用性の高い「考え方の枠組み」のことをフレームワークと呼んでいる。フレームワークは、イシュー見極めの場面では網羅的な情報収集に役立ち、イシュー分解の場面では汎用性をもった「イシューを砕く型」として使うことができる。

＊3C： Customer, Competitor, Companyを表す

たとえば、商品開発など、「事業」を主語とした検討であれば、「3C（顧客・競合・自社）」*と言われるフレームワークからはじめるとうまくいくことが多い。例を挙げてみよう。

●顧客……新しい市場セグメントから見えてくるこのニーズの固まりは大きく、現在の主力商品ではカバーできていないために潜在的な不満は大きい

●競合……このニーズの固まりは、競合の注力領域から見ると当面は実質無競争になりそうだ

図5　MECE＝ダブりもモレもなく

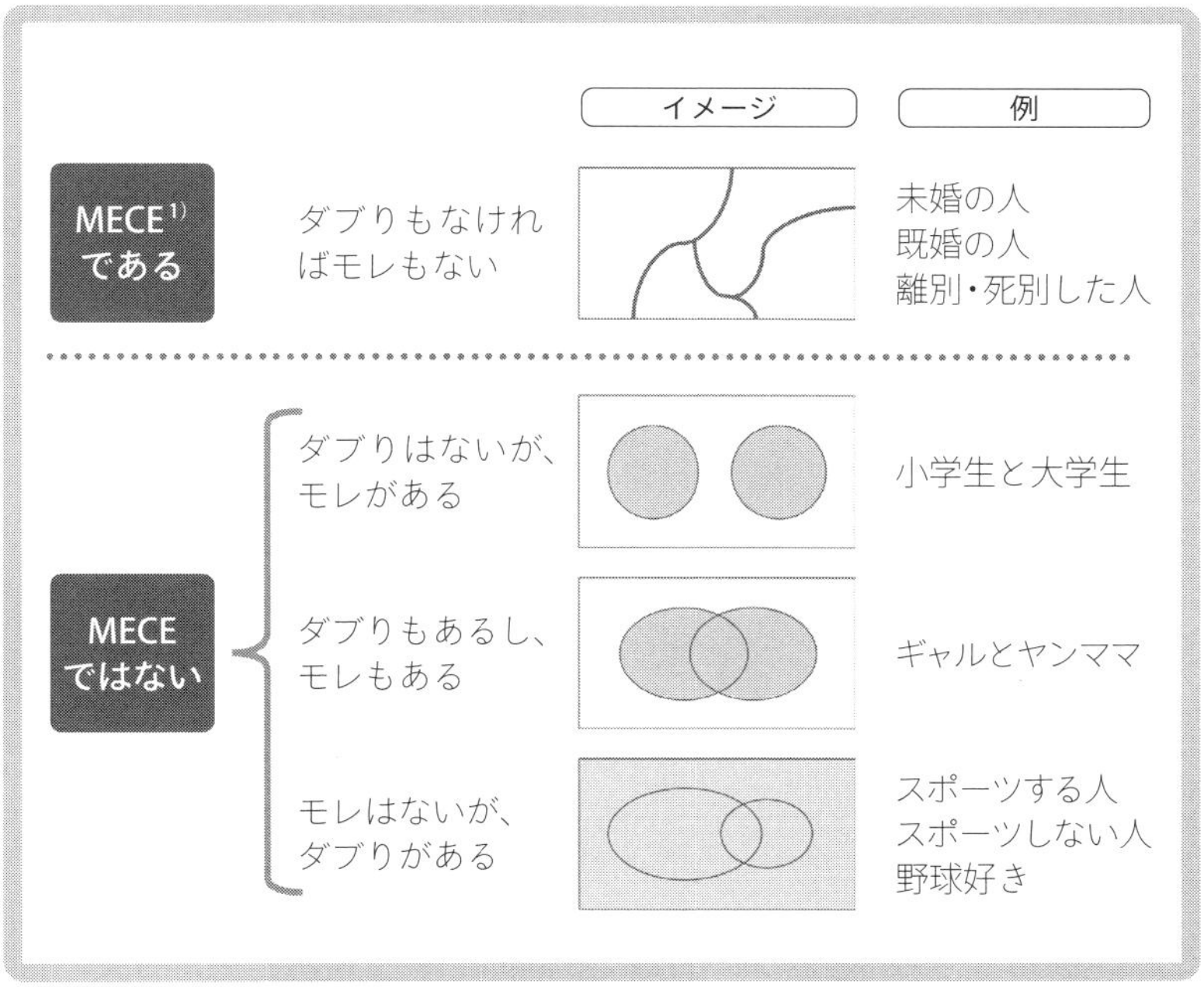

1）Mutually Exclusive & Collectively Exhaustiveの頭文字をとったもの

●自社……この領域は自社事業とのシナジーも大きく、商品のつくり込みにおいて強みが生かせる

というかたちでイシューを分解し、ストーリーを組んでいく。

もちろん、適切なフレームワークがない場合もあるが、イシューを支えるサブイシューを片っ端から洗い出し、同じくらいのレベル感で束ねることでフレームワークと同じように使えるようになる。

サブイシューを洗い出す際には「何がわかればこの意思決定ができるか」という視点で見る。モノづくりにおける「設計・調達・製造・出荷前テスト」のように順に起こるものであれば、時系列に沿って要素を洗い出す、というのもやり方のひとつだ。いずれにせよ、「ダブりもモレもない＝ＭＥＣＥ」の考え方を使い、特にこのイシューを分解してロジックを組む段階では「モレなく」の考え方を大切にする。

科学にもビジネスにも、ある程度確立したフレームワークがいくつもあるが、ストーリーラインづくりに使えるものはそれほど多くはない。必要に応じて学び、使い分けていけばよい。また世の中によく知られているフレームワークだからといって、必ずしも

図6　代表的なフレームワーク（事業検討の場合）

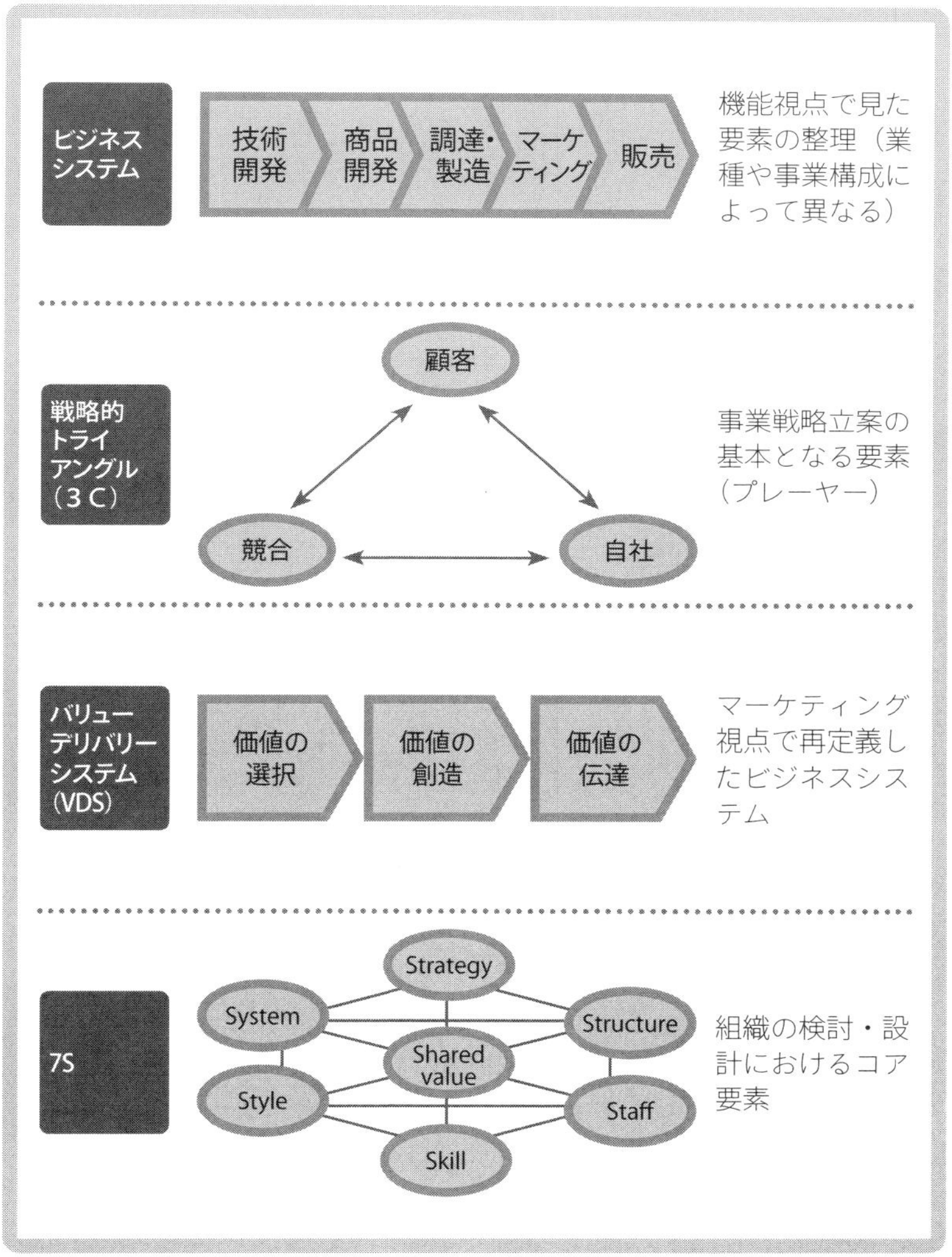

自分の取り扱うテーマに役立つとは限らない。

危険なのは、フレームワークにこだわるあまり、目の前のイシューを無理やりそのフレームにはめ込んで本質的なポイントを見失ってしまう、あるいは自分なりの洞察や視点を生かせなくなってしまうことだ。この本の冒頭にも書いた「カナヅチをもっていればすべてのものがクギに見える」という状況になってしまっては本末転倒であり、このような状態になるくらいならフレームワークなど知らないほうがよい。マッキンゼーの大先輩である大前研一が生み出した前述の「３Ｃ」であれ、前に紹介したハーバードビジネススクール教授のマイケル・ポーターが生み出した「ファイブ・フォース」であれ、どんなに有名なフレームワークであっても万能なわけではないことは、いつも頭のどこかに置いておきたい。

column

STEP 2

ストーリーラインを組み立てる

イシューを分解し、そのサブイシューに個々の仮説が見えれば、自分が最終的に何を言わんとするのかが明確になる。ここまでくればあと一歩だ。

イシュー分析の次のステップは、分解したイシューに基づいてストーリーラインを組み立てることだ。分解したイシューの構造と、それぞれに対する仮説的な立場を踏まえ、最終的に言いたいことをしっかり伝えるために、どのような順番でサブイシューを並べるのかを考える。

典型的なストーリーの流れは次のようなものだ。

1　必要な問題意識・前提となる知識の共有
2　カギとなるイシュー、サブイシューの明確化
3　それぞれのサブイシューについての検討結果
4　それらを総合した意味合いの整理

一連のプレゼンテーション、あるいは論文に必要な要素を整理して、流れをもった箇条書きの文章として統合していく。

ストーリーラインが必要となる理由は2つある。

第1に、単に分解されたイシューとサブイシューについての仮説だけでは論文やプレゼンにはならない。たとえば、イシューの分解の際に紹介した「事業コンセプト」の例の場合、事業の狙うべき市場ニーズはこれ、それを取り込むための事業モデルはこれ、という結論だけ述べても相手を説得させるだけのストーリーにならないことは明らかだ。

第2に、ストーリーの流れによって、以後に必要となる分析の表現方法が変わってくることが多いためだ。

人に何かを理解してもらおうとすれば、必ずストーリーが必要になる。それが研究であれば論文の流れであり、ビジネスであればプレゼンの流れだ。まだ分析も検証も完了していない時点で、「仮説がすべて正しいとすれば」という前提でストーリーをつくる。どういう順番、どういう流れで人に話をすれば納得してもらえるのか。さらには感動・共感してもらえるのか。それを、分解したイシューに基づいてきっちりと組み立てていく。

事業コンセプトのストーリー

ストーリーラインの組み立てについて、具体的に考えてみよう。118頁で挙げた「事業コンセプト」の例であれば、次のようなストーリーが必要になるだろう。

▼1　問題の構造

- 解くべき問題は「狙うべき市場ニーズ」「事業モデル」という2つの掛け算
- 現在はどちらもあいまいで、個別の見直しが必要

▼2　狙うべき市場ニーズ

- ニーズの広がり
- 時代のトレンド、不連続的な変化が起きている（トレンド・競争環境）
- 自社の強みが生きるセグメントは……（以上を踏まえた狙いどころ）

▼3　事業モデル

●この分野で取り得る事業モデルは5つ（取り得るモデルの広がり）

●収益の上げやすさ、自分たちの強みの生かしやすさから見ると、取るべきはモデルAもしくはB（適性度の高いモデル）

●モデルA・Bでそれぞれのカギとなる成立条件は……

▼4　事業コンセプトの方向性

●狙うべき市場ニーズと狙うべき事業モデルを掛け合わせると、有望な事業コンセプトは次の4つ（有望なコンセプト）

●それぞれのコンセプトの具体的なイメージは……

脚本・ネームづくりと似ている

ストーリーラインづくりは映画やアニメーションの脚本づくり、あるいは漫画のネーム作成（筋書きとラフなイメージをまとめること）に近いプロセスだ。脚本家も漫画家も新しいものを生み出す過程では七転八倒すると言うが、圧倒的な生産性を目指す私たちもここで知恵を絞り抜く。

図7　イシューの分解とストーリーラインの組み立て：事業コンセプトの例

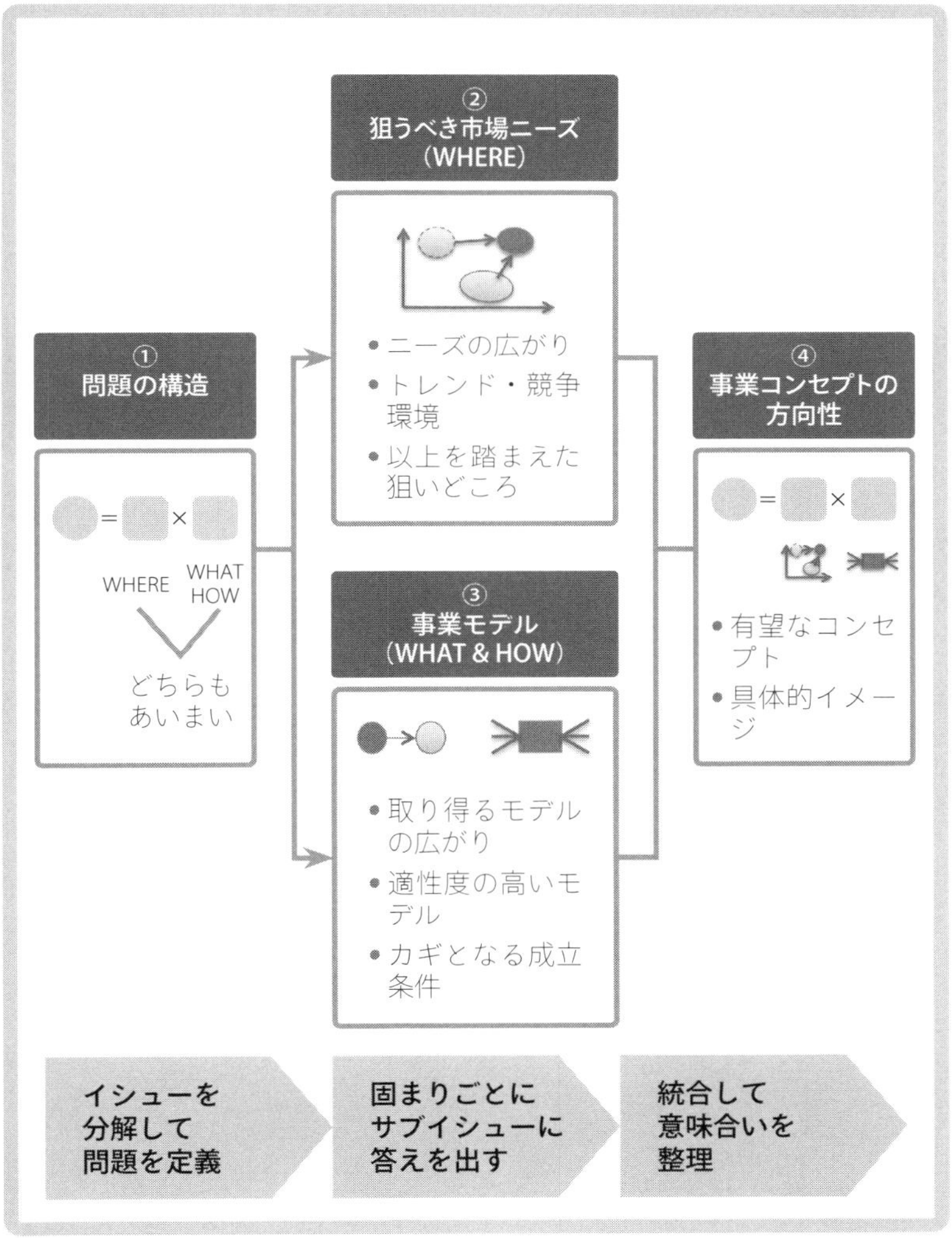

ディズニー／ピクサーのアニメ映画に『Mr.インクレディブル』というものがある。そのメイキング映像にある制作チームの言葉が印象的だ。

「脚本を書き上げないと、前に進めない」

「面白い場面を思いつくことがある。でも、その場面だけが面白くても意味がない。前後の流れが重要なんだ」

「作品にとっていちばん大切なのは、（アニメであっても）やはりストーリーなんだ。動きを細部まで把握して、ストーリーを段階的に区分する。それから映像づくりに取りかかる」

——マーク・アンドリュース（ストーリー監修）

「脚本を書くのは本当につらい。はじめは何もない。だが一度ストーリーが生まれると、あとは勝手に膨らんでいくんだ」

「場面の中心になる事柄を強調して、ほかは省略するんだ。リアルに書けばいい、という単純な話ではない」

——ブラッド・バード（脚本／監督）

（筆者編）

どうだろう？　実に似た話ではないだろうか。

ストーリーラインの役割

できる限り前倒しでストーリーラインをつくると言うと「決め打ちですか、ここでたいしたアイデアが浮かばなければ終わりということですね」と言う人がいる。

だがこれは大きな誤解だ。ストーリーラインは検討が進み、サブイシューに答えが出るたびに、あるいは新しい気づき・洞察が得られるたびに、書き換えて磨いていくものだ。問題を検討するすべての過程に伴走する最大の友人、それがストーリーラインなのだ。

それぞれのフェーズにおけるストーリーラインの役割をもう一度まとめてみよう。

▼立ち上げ段階

この段階においては、何が見極めどころ（カギとなるサブイシュー）であり、一体何を検証するためにどのような活動をするのか、という目的意識を揃えるためにストーリーラインが活躍する。ストーリーラインこそが検討の範囲を明確にする。これが早期にできるとチームの活動のブレがなくなり、活動の分担もしやすくなる。

▼分析・検討段階

実際に分析を進める段階に入ると、ストーリーラインの重要性はさらに増す。ストーリーラインを見ることで、イシューに対する仮説の検証がどこまでできているのかが明確になる。ストーリーラインは分析結果や新しい事実が生まれるたびに肉付けし、刷新する。また、チームミーティングの際にも使えるツールとなる。

▼まとめの段階

この段階まで来ると、ストーリーラインは最終的なプレゼン資料、論文を取りまとめる最大の推進装置になる。そして、これがビジネスのプレゼンであればサマリー、論文であれば最初の要約のベースになる。この段階では、言葉の明晰さと論理の流れが決定的に重要になるが、その磨き込みのためにもストーリーラインは不可欠だ。

「決め打ち」的な考えとは、ほど遠いことを理解していただけるだろう。

ストーリーラインは生きものであり、分析もデータ収集もすべてはこれにしたがう「しもべ」

に過ぎない。ここで明確な言葉にできない考えは、結局のところ人に伝えることができない。漠然としたアイデアしか浮かばない人は、主語と動詞を明確にし、一体自分は何を言おうとしているのかを箇条書きで明確にする「イシューと仮説出し」を日々行うことをお勧めする。これを整理することがストーリーラインにつながり、自分とチームの活動の指標となる。

ストーリーラインの2つの型

「これをベースにストーリーラインをつくってくれ」と言われても「?」となる人が多いと思う。ただ、イシューを分解する作業と同様に、ここでも洗練された「型」があるので安心してほしい。問題解決は現場で練習を積まなければできるようにはならないが、そのコツやポイントは知っておくに越したことはない。そういった意味では自転車に乗る練習などとよく似ている。

論理的に検証するストーリーをつくるとき、そこには2つの型がある。ひとつが「WHYの並び立て」、もうひとつが「空・雨・傘」と呼ばれるものだ。このどちらかの型をストーリーの背骨とすることで、ストーリーラインは比較的簡単にできる。

▼「WHY」の並び立て

「WHYの並び立て」はシンプルな方法だ。最終的に言いたいメッセージについて、理由や具体的なやり方を「並列的に立てる」ことでメッセージをサポートする。場合によっては手法を並び立てることもある。

たとえば、「案件Aに投資すべきだ」と言いたい場合、少なくとも以下の3つの視点が必要になり、それぞれの「WHY」を並べ立てる。

1 「なぜ、案件Aに魅力があるのか」
……市場あるいは技術視点での展望・成長性、経済的な想定リターン、相場から見たお買い得度、不連続的な経営リスクの有無とレベル感など

2 「なぜ、案件Aを手がけるべきなのか」
……関連事業におけるその案件のもたらす価値、スキル・アセット・スケール、あるいはその他の競合優位性、参入障壁の生み出しやすさなど

3 「なぜ、案件Aを手がけることができるのか」
……投資規模、投資後のハンドリングの現実性など

「第1に、第2に、第3に、というタイプの説明」と言えば理解しやすいかもしれない。ここでも「あの論点はどうなっているんだ」と意思決定者や評価者から攻撃されることを防ぐために、重要な要素を「ダブりもモレもなく」選ぶようにする。

▼空・雨・傘

もうひとつのストーリーラインづくりの基本形は「空・雨・傘」と呼ばれるものだ。多くの人にとってはこちらのほうが馴染みやすいのではないかと思う。

- 「空」……○○が問題だ（課題の確認）
- 「雨」……この問題を解くには、ここを見極めなければならない（課題の深掘り）
- 「傘」……そうだとすると、こうしよう（結論）

というようにストーリーを組んで、最終的に言いたいこと（ふつうは「傘」の結論）を支える、というかたちだ。僕らがふつうの日常会話で使っているのはほとんどこのロジックだ。ちなみに先ほどの「事業コンセプト」検討の例もこのかたちになっている。

今日出かけるときに「傘をもって出るべきかどうか」というのは、私たちの日常において日々

起こるイシューだが、これに答えを出そうとすると、

●空……「西の空がよく晴れているな」
●雨……「今の空の様子では、当面雨は降ることはなさそうだ」
●傘……「だとすると、今日傘をもっていく必要はない」

というような流れで判断するだろう。それをまとめたものだ。この「空・雨・傘」で議論する場合、多くは、「雨」の部分で見えてきた課題の深掘りがどこまでできるかが勝負どころとなる。

「WHYの並び立て」であれ「空・雨・傘」であれ、最終的に伝えようとしていることを、いくつかのサブ的なメッセージによって支える構造をしているため、ビジュアルで表現すると図8のようにピラミッドのかたちになる。

この「ピラミッド構造（ピラミッドストラクチャー）」は、

図8　ピラミッド構造

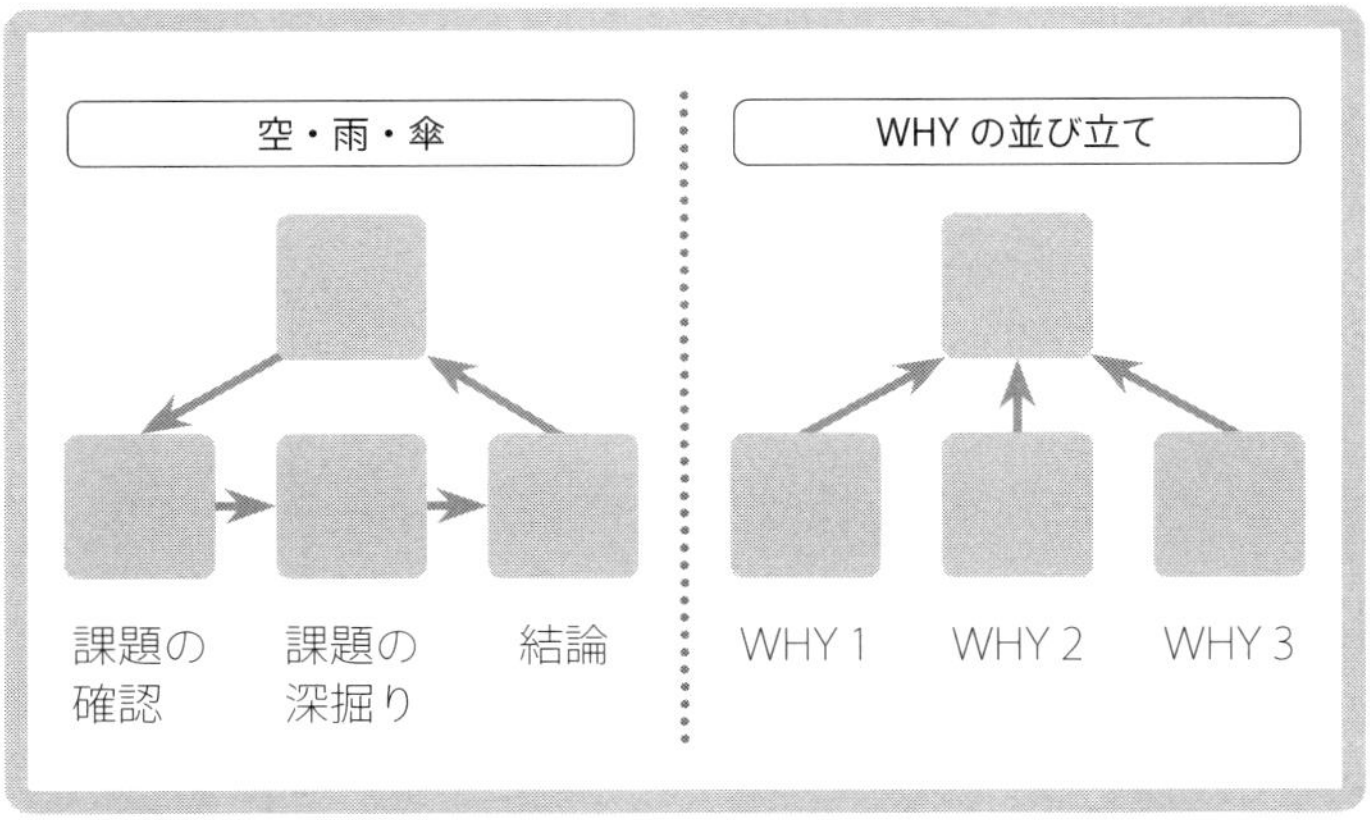

「ＷＨＹの並び立て」や「空・雨・傘」のようにロジック構造を生かし、結論とそれを支える要点を短い時間でクライアントに伝えるためのコミュニケーションスキルを名づけたものだ。逆に言えばそれだけのものなので、このように話を構造化して伝えることができているならば、気にするほどのものではない。

chapter

ISSUE DRIVEN

（実験には）２つの結果がある。もし結果が仮説を確認したなら、君は何かを計測したことになる。もし結果が仮説に反していたら、君は何かを発見したことになる。

――エンリコ・フェルミ

エンリコ・フェルミ：物理学者、1938年ノーベル物理学賞受賞
Nuclear Principles in Engineering, by Tatjana Jevremovic（筆者訳）

絵コンテとは何か

イシューが見え、それを検証するためのストーリーラインもできれば、次は分析イメージ（個々のグラフや図表のイメージ）をデザインしていく。ここでも「分析結果が出ないと考えようがない」とは言わない。基本はいつでも、「最終的に伝えるべきメッセージ（＝イシューの仮説が証明されたもの）」を考えたとき、自分ならどういう分析結果があれば納得するか、そして相手を納得させられるかと考えることだ。そこから想定されるものをストーリーラインに沿って前倒しでつくる。

僕はこの分析イメージづくりの作業を「絵コンテ」づくりと呼んでいる。イシューを分解し、組み立てたストーリーラインはまだ言葉だけのものだ。ここに、具体的なデータのイメージをビジュアルとして組み合わせることで急速に最終的なアウトプットの青写真が見えてくる。本章ではイシュー分析の後半にあたるこの作業の勘所を紹介していく。

絵コンテづくりは、プラモデルや建築における設計図づくりにも似ている。設計図であれば、そこから作業をはじめればよさそうにも思えるが、それは危険だ。そうすると「論理」という太い柱が欠けた建築物が建ってしまうかもしれないからだ。実際に、市場を深く理解することなしに自分たちの都合だけに基づいて立てられた事業計画は至るところに存在し、実行されているが、これこそ「柱の欠けた建築物」だ。そうしたものは建った瞬間に倒壊ということになりかねない。そうした恐怖の事態に陥ら

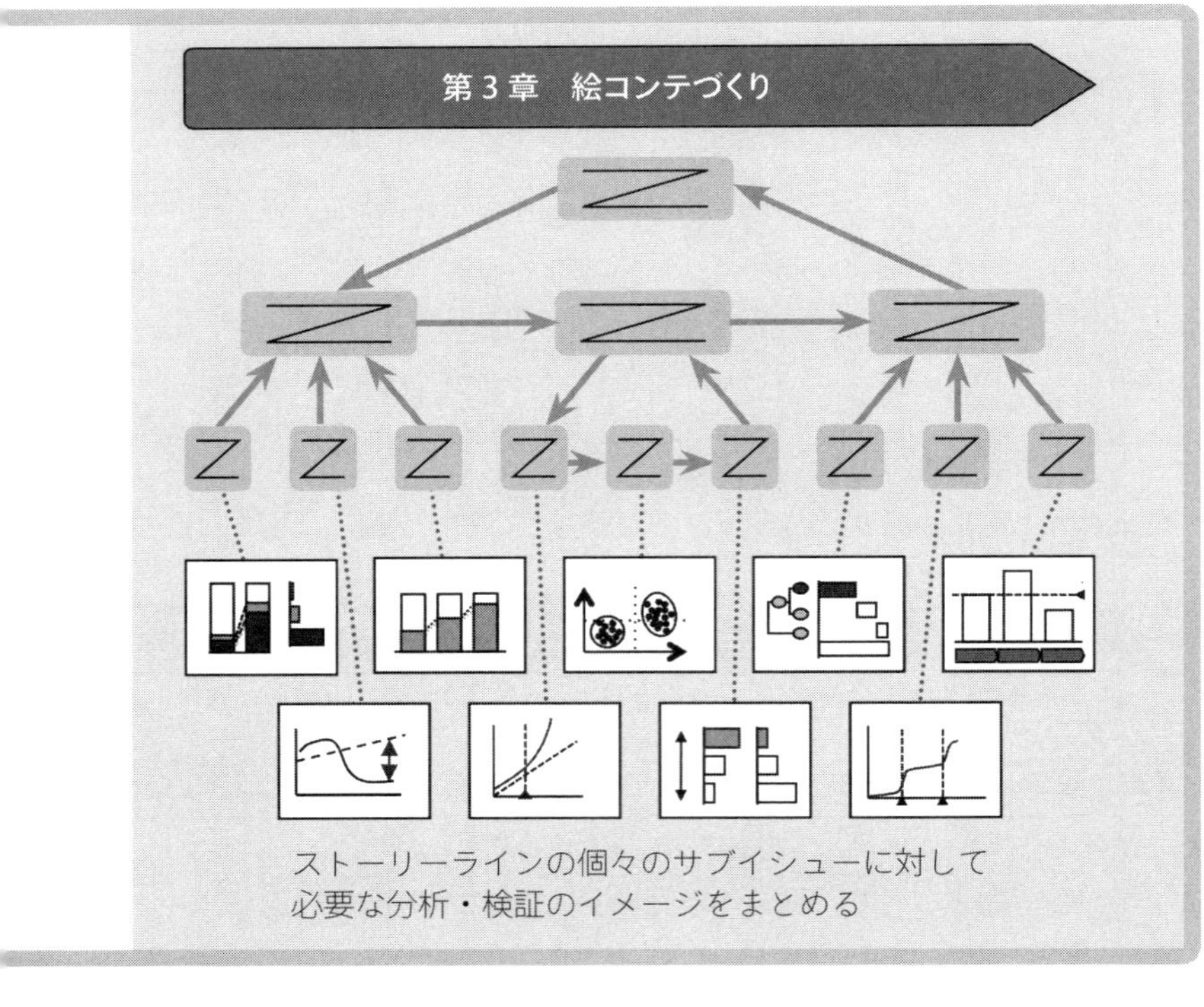
第3章　絵コンテづくり
ストーリーラインの個々のサブイシューに対して
必要な分析・検証のイメージをまとめる

ないためには、やはり第2章までに見てきたイシューの見極めと分解、それに基づくストーリーラインづくりが必要になる（図1）。

絵コンテづくりのイメージ

もう少し、絵コンテづくりとは何かを説明していこう。基本的には、イシューを分解して並べたストーリーラインに沿って、必要な分析のイメージを並べていったものが絵コンテだ。これを何枚でも必要なだけつくる。

この作業は決まったフォーマットを使って進めると便利だ。紙をタテに割って

図1　イシュー分析の全体像と絵コンテづくり

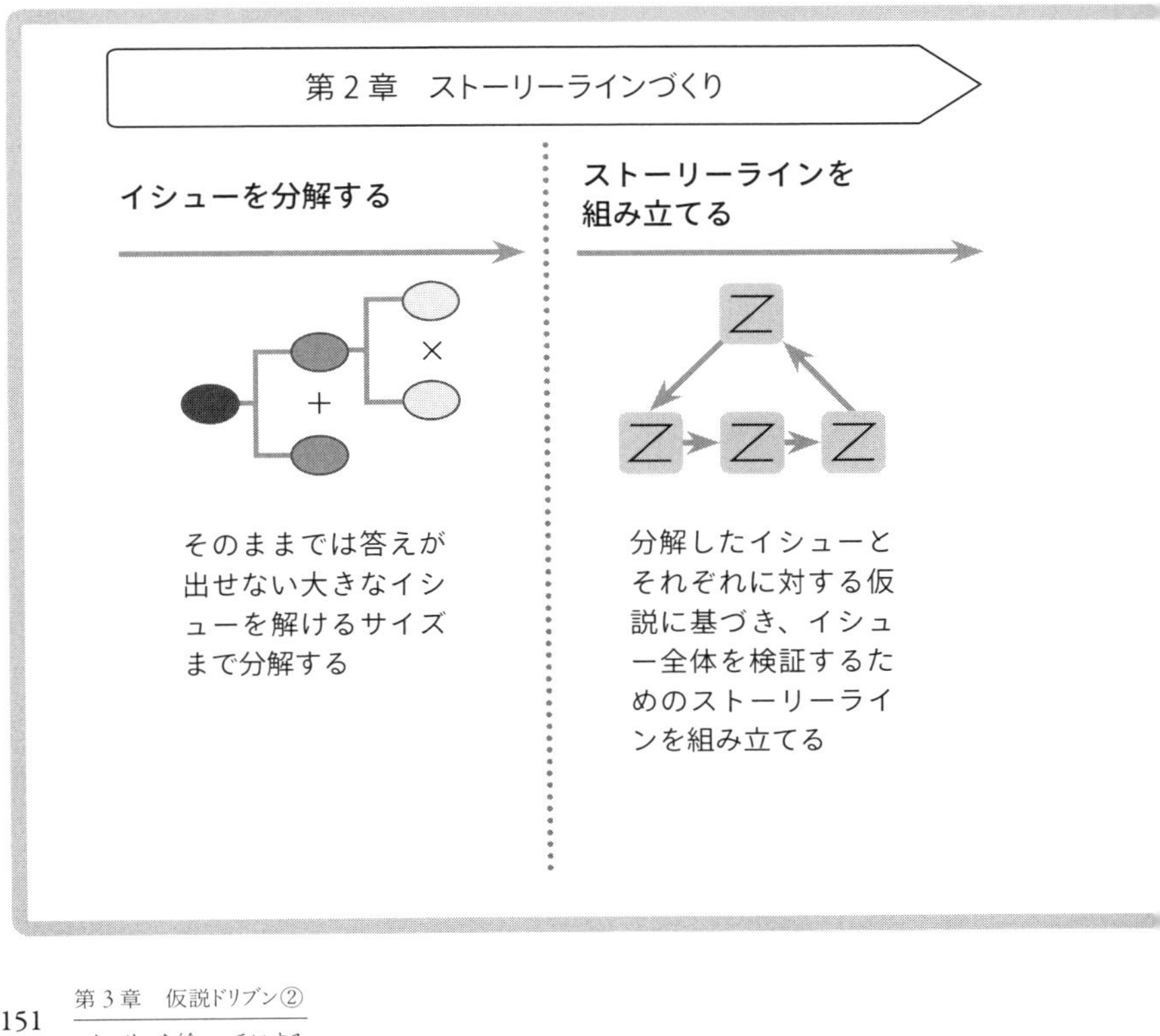

第２章　ストーリーラインづくり
イシューを分解する
ストーリーラインを組み立てる
+
×
Z
そのままでは答えが出せない大きなイシューを解けるサイズまで分解する
分解したイシューとそれぞれに対する仮説に基づき、イシュー全体を検証するためのストーリーラインを組み立てる

サブイシュー（ストーリーライン上の仮説）、分析イメージ、分析手法や情報源をまとめていく。チームで作業しているときには、さらにその脇に担当と締め切りも書いておくとよい。これが埋まるとそのまま絵コンテができ上がる（図2）。

経験値が上がり、なじみ深いテーマで取るべきデータの情報源や調査手法も自明な状況であれば、単に紙をマス目に切って分析イメージだけをつくればよい（図3、155頁）。そのときも、どのサブイシューにどの分析イメージが対応するのかを明確にしておく。

絵コンテづくりで大切な心構えは「大胆に思い切って描く」ということだ。「どんなデータが取れそうか」ではなく、「どんな分析結果がほしいのか」を起点に分析イメージをつくる。ここでも「イシューからはじめる」思想で分析の設計を行うことが大切だ。「これなら取れそうだ」と思われるデータから分析を設計するのは本末転倒であり、これをやってしまうと、ここまでやってきたイシューの見極めもストーリーラインづくりもムダになってしまう。「どんなデータがあれば、ストーリーラインの個々の仮説＝サブイシューを検証できるのか」という視点で大胆にデザインする。もちろん、あとから触れるとおり、現実にそのデータが取れなければ意味はないが、そのデータを取ろうと思ったらどのような仕込みがいるのか、そこまでを

図2　絵コンテのイメージ

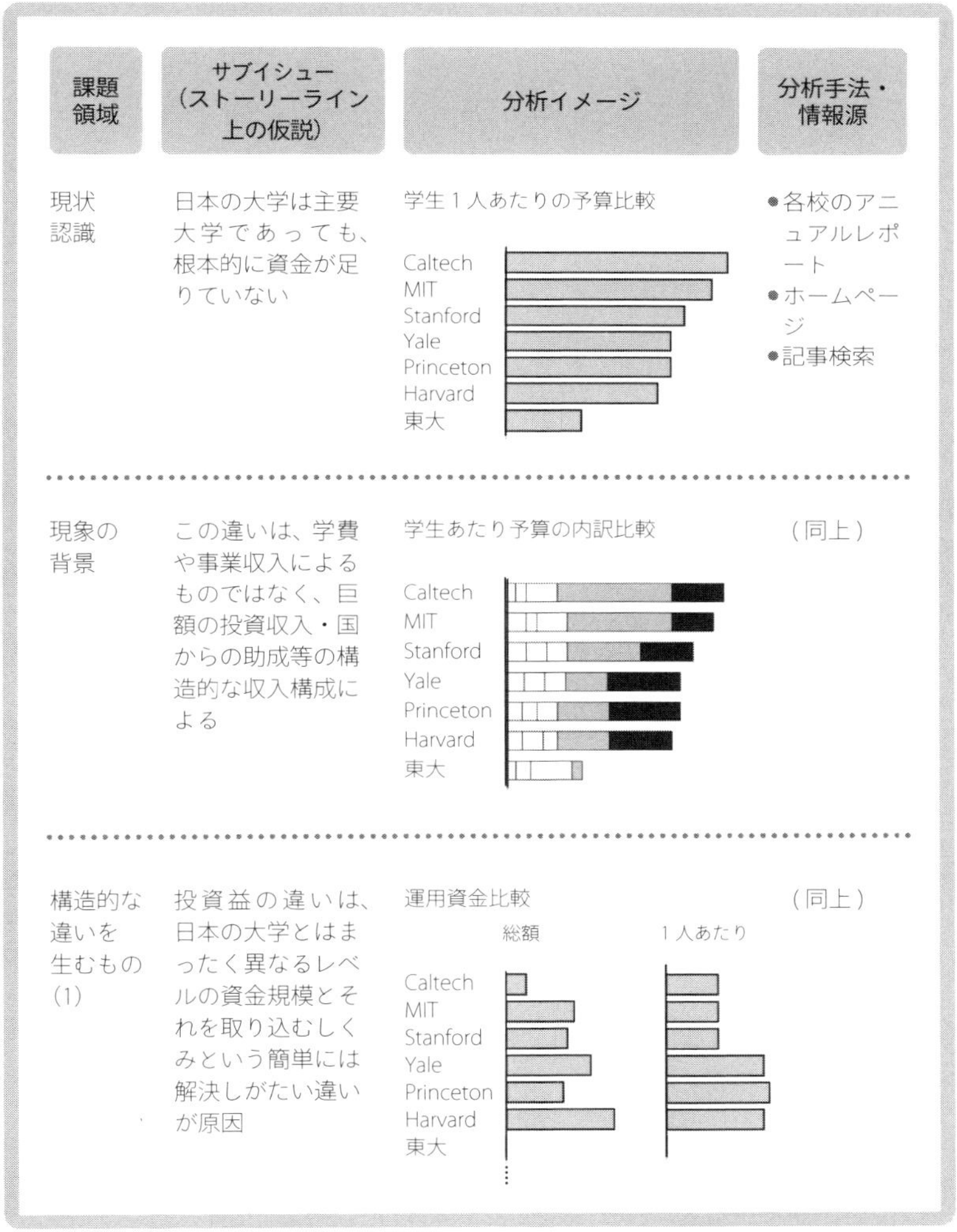

考えることが絵コンテづくりの意味でもある。場合によっては既存の手法ではやりようがないこともあるだろうし、大胆な工夫をする必要も出るだろう。このようにイシューの視点からデータの取り方や分析手法にストレッチ（背伸び）が生まれるのはよいサインだ。正しくイシューをベースに絵コンテづくりをしている証拠でもある。

では、絵コンテづくりの3つのステップ、「軸の整理」「イメージの具体化」「方法の明示」のそれぞれにおける押さえどころをみていこう。

図3　マス目を活用した分析イメージづくりの例

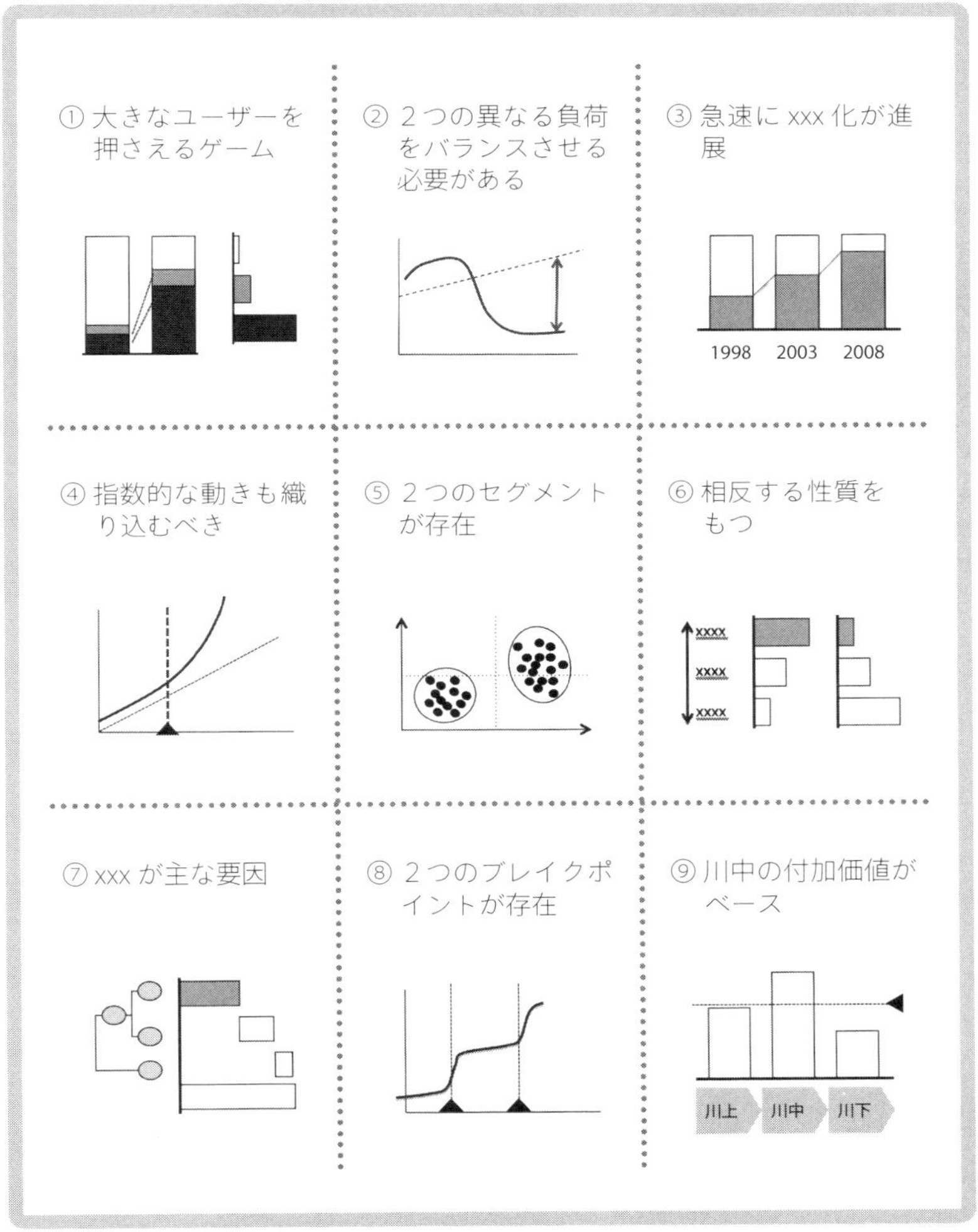

STEP 1

軸を整理する

分析の本質

絵コンテづくりの第一歩は、分析の枠組みづくり、つまり軸を整理することだ。ここで言う「軸」とは、分析のタテとヨコの広がりを指す。単に「○○について調べる」ではなく「どのような軸でどのような値をどのように比較するか」ということを具体的に設計する。

僕はこれまで多くの人に分析に関するトレーニングを行ってきたが、ここで、僕はいつも同じ質問をする。それは「分析って、何だろう?」というものだ。

「分析とは何か?」、ここで返ってくる答えは、

- 分けること
- 数字で表現すること

というずれかが多い。最近は、事業戦略の本が溢れているせいか、

● 戦略的な課題について検討すること

という答えもある。それぞれ何らかの意味はあるのだが、こと「分析の本質」という視点で考えるとこれらはいずれも的を射ているとは言えない。

「分析とは分けること」というのはよく聞く答えだが、「分けない分析」も実はたくさんある。たとえば「東京の平均所得は地方よりも高い」という事象を検証しようとする場合、東京都と、一例として僕の出身地である富山県を対象にすると、それぞれの1人あたり、または世帯あたりの平均所得をそのまま比較するだけで事足りる。「東京と地方では年齢層が違う」という議論があるならば、同じ年齢層同士の平均を比較する。「分ける」必要はどこにもない。

「分析とは数字で表現すること」というのはどうだろう？　一見正しそうに思えるが、実は「数字で表現しない分析」というものもある。たとえば、ネアンデルタール人の頭骨と現代人の祖先であるクロマニヨン人の頭骨を重ね合わせてみる。そうすると、眉の上の部分の骨の隆起の仕方や額の傾斜など、さまざまな違いが見えてくる。これも教科書や論文でよく見る立派な分析だ。あるいは、ある薬品が神経形態に与える影響を調べる場合、薬剤の有無や濃度別に写真を撮って

それを比べることもある。数字はまったく使っていないがこれらも立派な分析だ。
「分析とは戦略的な課題について検討すること」というのも、これまでの例、つまり科学研究など戦略的な課題をテーマにしない世界でも分析が日々行われているのを見れば、本質を突いた答えではないことがわかるだろう。

「分析とは何か？」
僕の答えは「分析とは比較、すなわち比べること」というものだ。分析と言われるものに共通するのは、フェアに対象同士を比べ、その違いを見ることだ。

たとえば、「ジャイアント馬場はデカい」という表現を聞いて、「これは分析だと思うか？」と周りの人に尋ねてみると、ほとんどの人が「分析だとは思わない」と答える。しかし、図4のように、ジャイアント馬場の身長を日本人や他国の人の平均身長と比較して見せた場合には、今度はほとんどの人が「これは分析だ」と答える。
この差は単純に「比較」の有無だ。「比較」が言葉に信頼を与え、「比較」が論理を成り立たせ、「比較」がイシューに答えを出す。優れた分析は、タテ軸、ヨコ軸の広がり、すなわち「比較」

の軸が明確だ。そして、そのそれぞれの軸がイシューに答えを出すことに直結している。

つまり、分析では適切な「比較の軸」がカギとなる。どのような軸で何と何を比較するとそのイシューに答えが出るのかを考える。これが絵コンテづくりの第一歩だ。定性的な分析であろうと定量的な分析であろうと、どのような軸で何と何を比べるのか、どのように条件の仕分けを行うのか、これを考えることが分析設計の本質だ。

図4　分析の本質：ジャイアント馬場の例

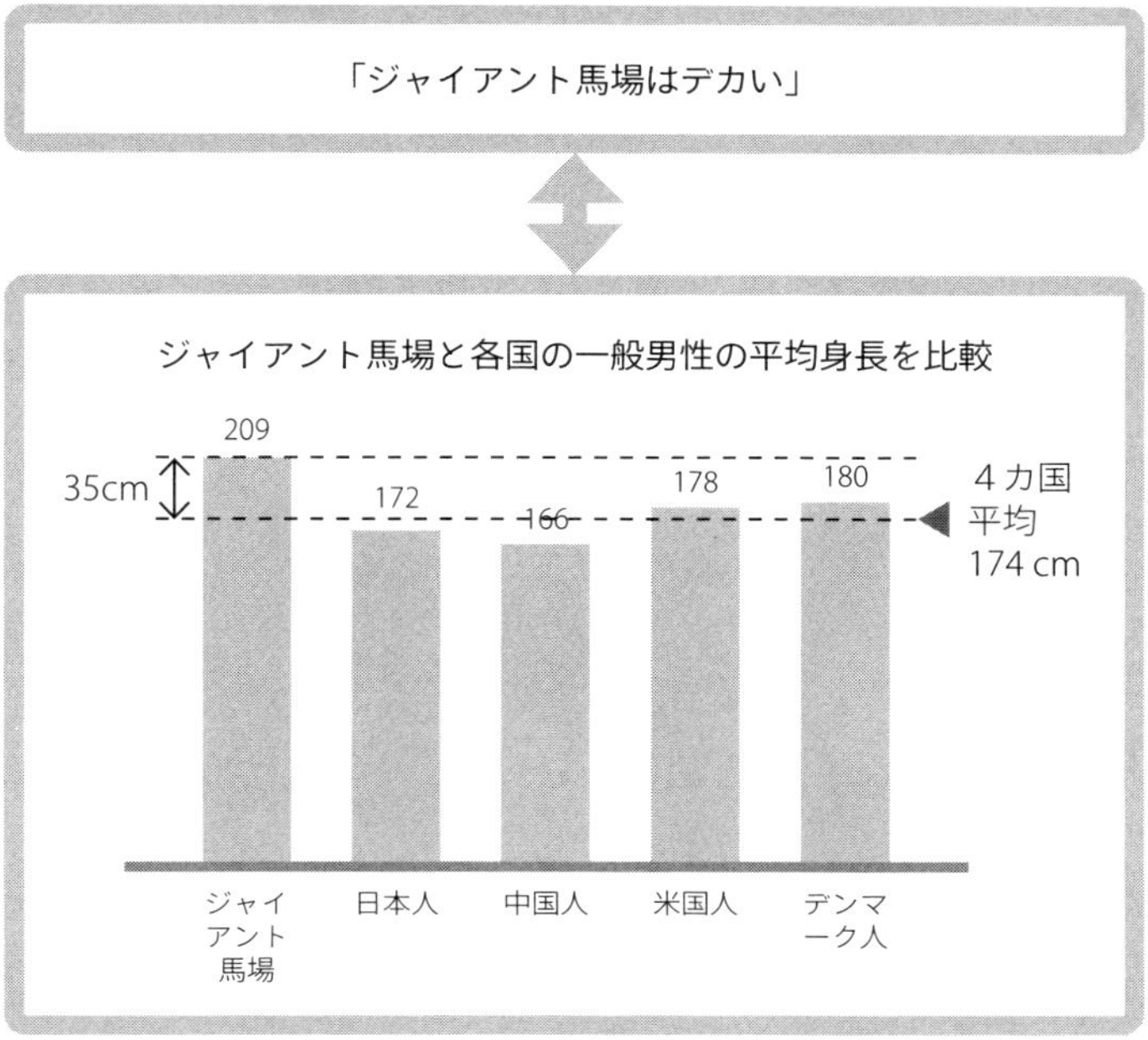

定量分析の3つの型

定性分析の設計は、意味合い出しに向けて情報の整理とタイプ分けを行うことが中心となるが、分析の大半を占める定量分析においては、比較というものは3つの種類しかない。表現方法はたくさんあるが、その背後にある分析的な考え方は3つなのだ。このことを押さえておくだけで分析の設計がぐっとラクになる。では、この3つの型とは何だかわかるだろうか？　答えは次のようなものだ。

1　比較
2　構成
3　変化

どれほど目新しい分析表現といえども、実際にはこの3つの表現のバラエティ、および組み合わせに過ぎない

図5　定量分析の3つの型

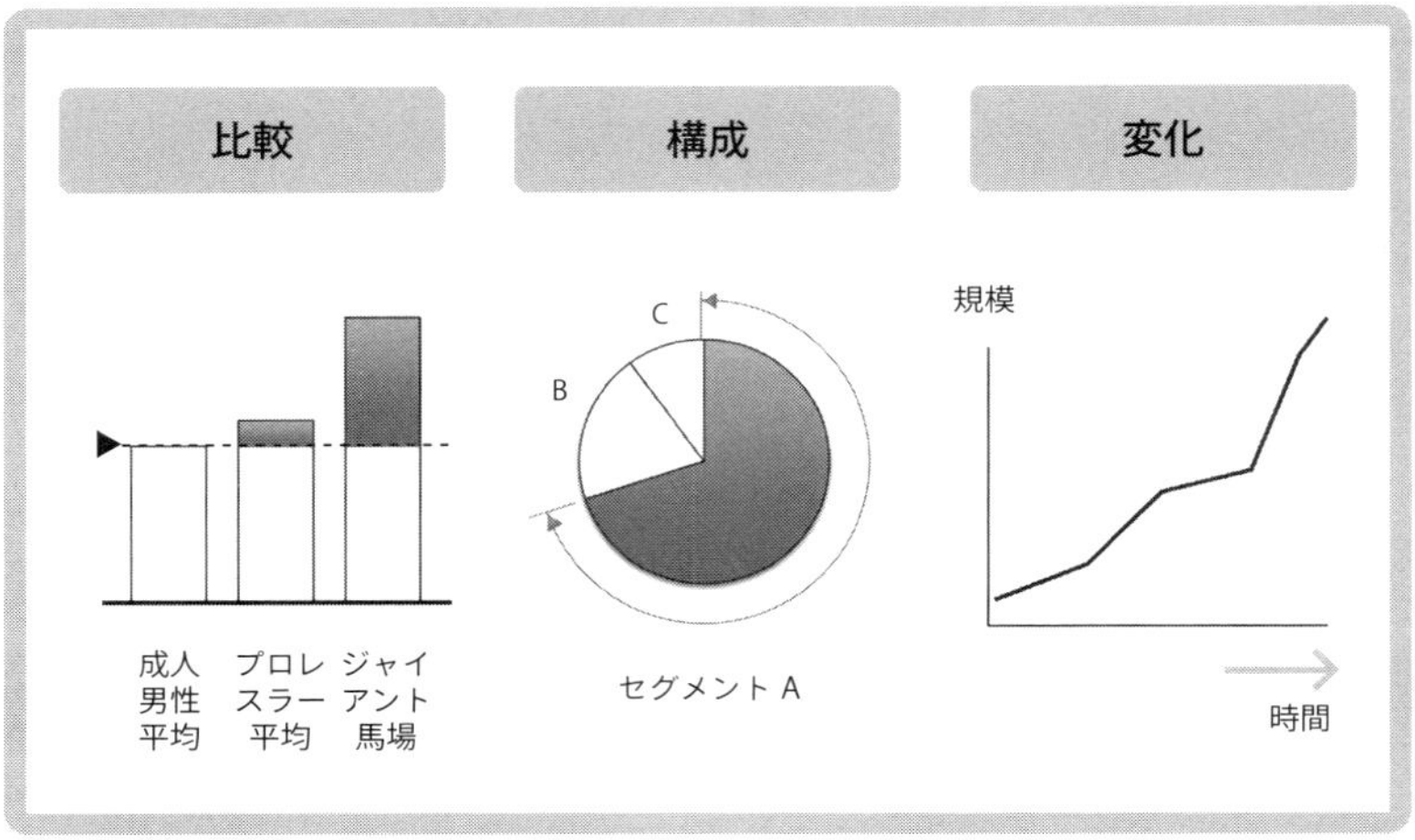

（図5）。

それぞれについてもう少し詳しく述べてみよう。

▼比較

「分析の本質は比較」と述べたとおり、比較はもっとも一般的な分析手法だ。同じ量・長さ・重さ・強さなど、何らかの共通軸で2つ以上の値を比べる。シンプルだが、それだけに軸さえうまく選べば明瞭かつ力強い分析になる。洞察を盛り込んだ条件で比較できれば相手をうならせる結果になる。この条件を深く考えることが比較における軸の整理となる。

▼構成

構成は、全体と部分を比較することだ。市場シェア・コスト比率・体脂肪率など、全体に対する部分の比較によってはじめて意味をなす概念は多い。「この飲料の砂糖濃度は8％だ」というのも、「毎日炭酸飲料を飲む人は5人に1人いる」というのも、構成による分析的表現だ。これらの例からわかるとおり、「何を全体として考えて、何を抽出した議論をするか」という意味合いを考えることが構成における軸の整理となる。

▼変化

変化は、同じものを時間軸上で比較することだ。売上の推移・体重の推移・ドル円レートの推移などはすべて変化による分析の例だ。何らかの現象の事前・事後の分析はすべて変化の応用だと言える。「時間というあいまいなものでは軸の検討などしようがない」と思われるかもしれないが、「夜明け前」と「夜明け後」の比較であれば、夜明けのタイミングを「ゼロ」として記録したデータを重ねていく、といった手法もある。結局、変化であっても「何と何を比較したいのか」という軸の整理が重要になる。

分析表現の多様さ

定量分析には「比較」「構成」「変化」という3つの型しかないと言ったが、その表現方法は多様だ。3つの型それぞれにたくさんの表現方法があり、さらに3つの型を掛け合わせた表現方法もあるためだ。図6は、3つの型の分析表現の一例だが、「比較」だけをとっても多くの表現方法があることがわかる。チャートのかたちをもって分析手法と考えている人も多いが、それは正しい理解とは言えない。

複雑に見える分析も基本的にはすべてこの3つの組み合わせでできている。164頁の図7は、

図6　３つの型を使った分析表現の例

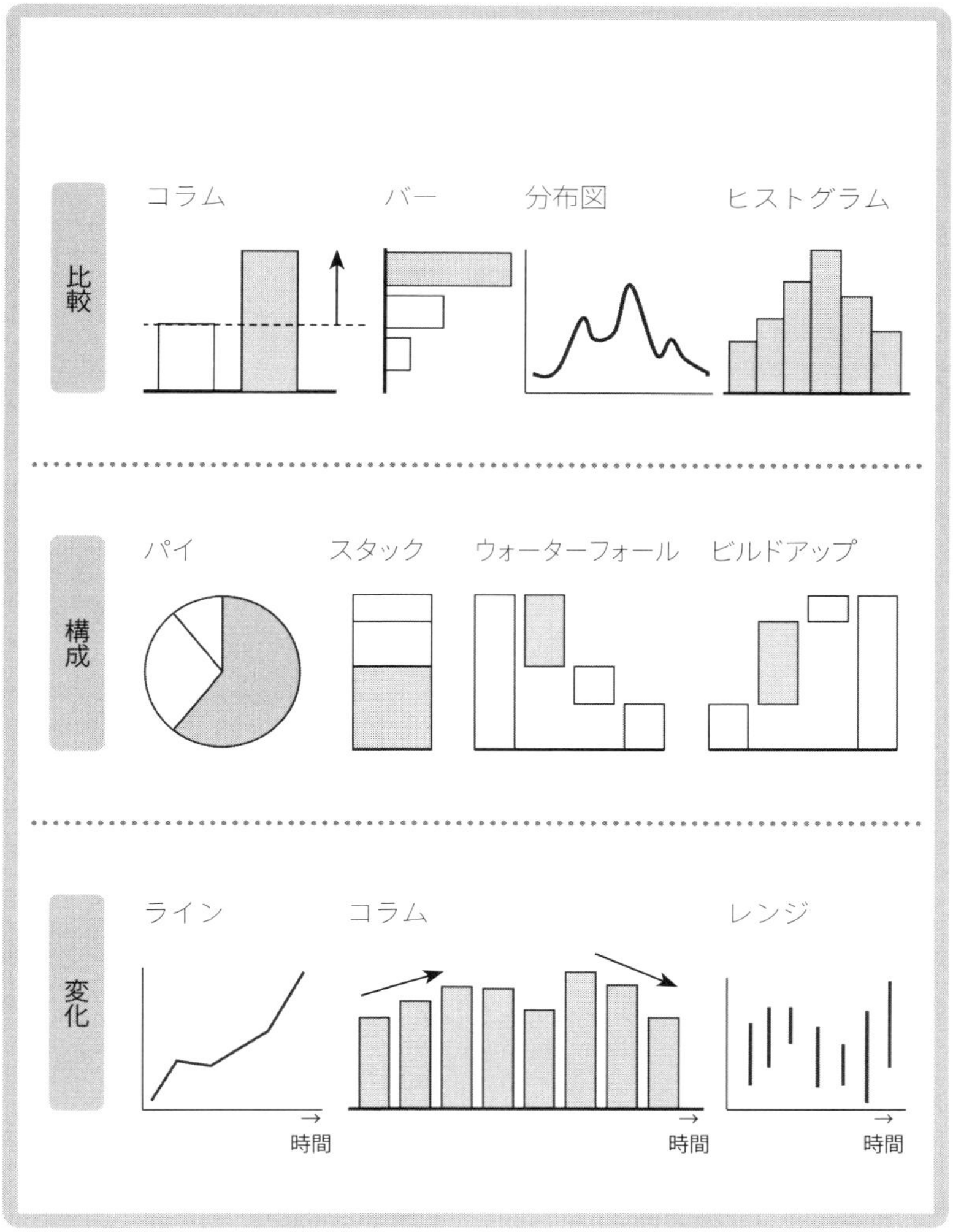

図7　3つの型を掛け合わせた分析表現の例

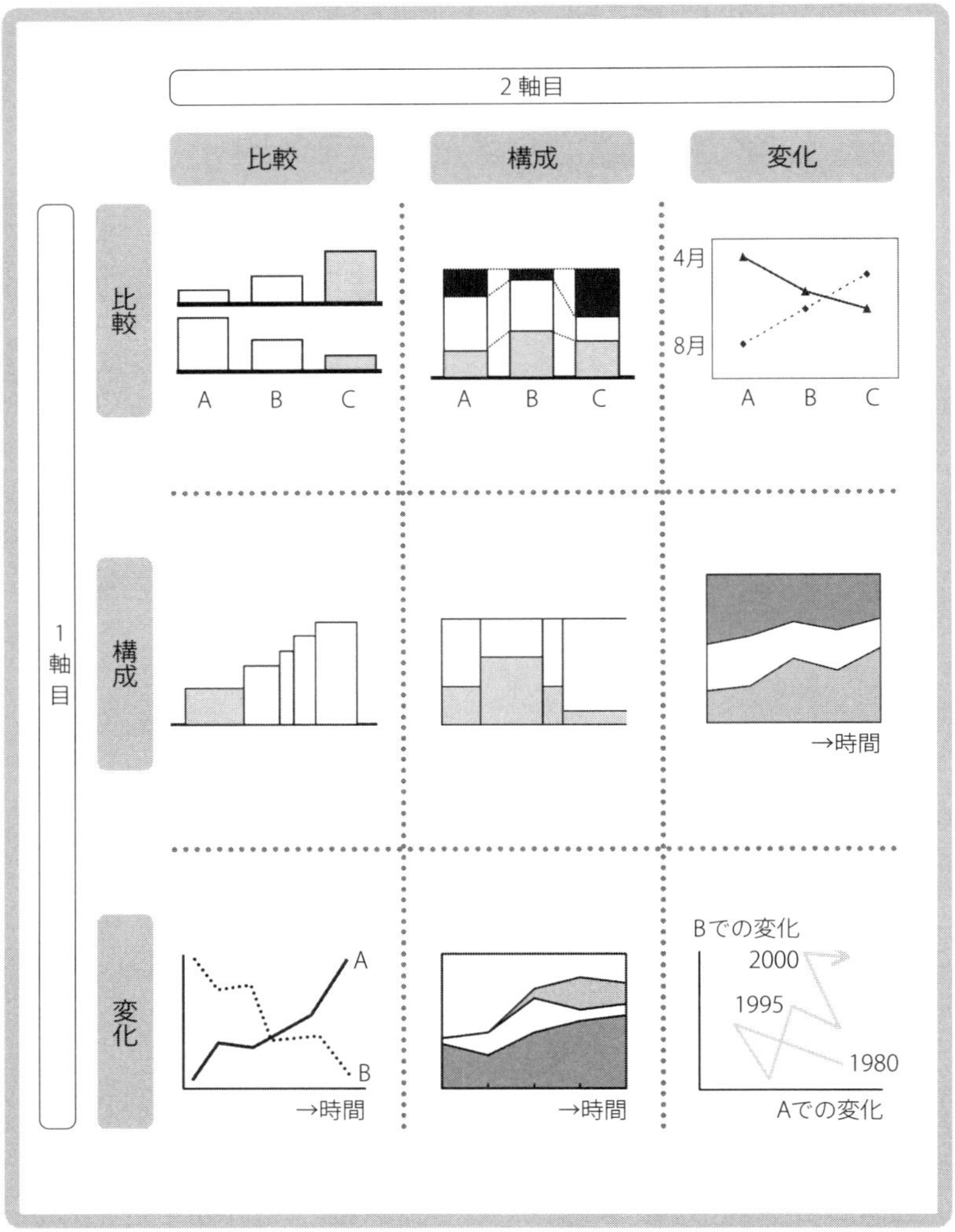

３つのパターンをそれぞれ軸にとって掛け合わせた例だが、３つの組み合わせでいかに多様な表現ができるかがわかる。

原因と結果から軸を考える

基本的に、分析は「原因側」と「結果側」の掛け算で表現される。比較する条件が原因側で、それを評価する値が結果側となる。軸を考えるというのは、原因側で何を比べるのか、結果側で何を比べるのか、ということを意味している。

たとえば、「ラーメンを食べる回数によって、肥満度に変化が出る」ということを検証したい場合、原因側の軸は「ラーメンを食べるかどうか」「食べるとすると頻度はどのくらいか」というものになり、結果側の軸は「体脂肪率」「ＢＭＩ（体重を身長の二乗で割った値）」などになる（図８、次頁）。

次に、「腹の底からよく笑う人はそうでない人に比べて健康だ」というイシューについて検証したいとしよう。原因側の軸は「笑いの質と頻度」になり、結果側の軸は「健康度」になる。

「笑いの質と頻度」といってもたくさんの軸の取り方がある。たとえばこんな軸が想定できるだろう。

- 毎日どの程度笑うことがあるか……ある／ない、ある場合の頻度（比較）
- 腹の底から笑うことが毎日どの程度あるか……ある／ない、ある場合の頻度（比較）
- 笑う回数のうち、どの程度が腹の底からの笑いなのか（構成）
- 笑う度合いは以前と比べて増えたか減ったか、増減があればいつ頃からか（比較の変化）
- 腹の底から笑う割合はこのところ増えたか減ったか（構成の変化）

図8　軸を整理する：ラーメンと肥満度の例

「原因側」の軸	×	「結果側」の軸
（絶対値） ● 食べるかどうか ● 食べる頻度（例：回／月） ● 一度に食べる量（例：ボリューム／回） ● 量補正を掛けた食べる頻度		（絶対値） ● 体脂肪率（体重%） ● BMI*
（変化） ● 過去６カ月間での頻度の変化（例：増えた、変わらない、減った） ● 過去６カ月間での頻度の変化量（例：回数／月）		（変化） ● 体重の増減（例：kg ／６カ月） ● 体脂肪率の増減（%） ● BMI の変化

* Body Mass Index：体格指数。体重（kg）を身長（m）の二乗で割ったもの

結果側の「健康度」となると、さらに軸はいくらでも取りようがある。

● BMI（比較）
● 特定の健康診断での総合評価（比較）
● 「自分が健康で幸せだ」と思う度合い（比較）
● 身体に苦痛や異常を感じない日の割合（構成）
● 寝つき、寝起きのよい日の割合（構成）
● これらの健康指標の直近3カ月間の動向（比較の変化、構成の変化）

などだ。

これらを掛け合わせてつくるのが実際の分析だ。分析の設計と言うと難しく聞こえるが、その本質はシンプルだ。「原因側」「結果側」双方でどのような比較が必要なのか、どれがいちばんきれいな結果が出るのかを絵コンテを描きつつ考える。これが軸の整理の本質だ。その軸が当たって、本当に意味のある分析結果が生み出せたときの喜びは大きい。「この結果は、おそらく今、世界で自分しか知らないだろう」という喜びを噛みしめる瞬間だ。

分析の軸を出す方法

分析の「軸を出す」ことについてもう少し考えていこう。といってもそれほど深刻に考える必要はない。比較に際しての条件をふせんなどに書き出していって、関係のあるものを束ねていく、というのがシンプルですぐにできる方法だ。「スプレッドシート」やワープロソフトの「アウトライン機能」などを利用して整理してもよい。

たとえば、「スポーツ飲料を飲む場面」を分析する際の軸の整理を考えてみよう。思い浮かぶたくさんの場面を片っ端から書き出していく（図9）。

似ているものを束ねながら、軸を整理していく。場合によっては、2つの条件が重なり合ったものも出てく

図9　軸を出す：スポーツ飲料を飲む場面の例

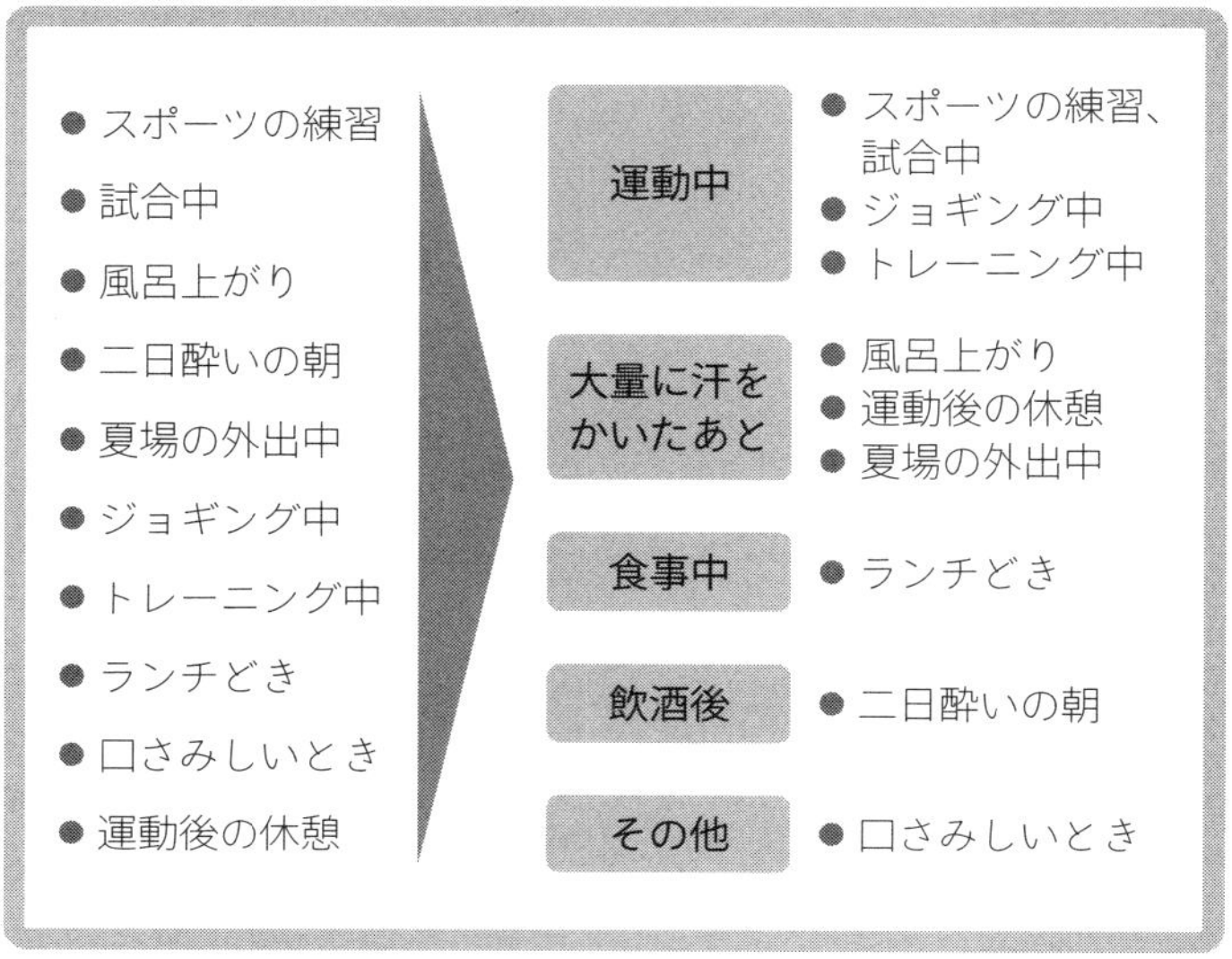

る。大きくはA・Bという2つの条件しかなくても、

- Aでしかないケース
- AでありBであるケース
- Bでしかないケース
- AでもBでもないケース

という4つの場合があり得る。実際に「AでありBであるケース」があり得るのか考察し、なければ、その条件を消して3つの条件で比較する。この作業をやっていくと、考えの「ゆるさ」が消えていき、急速に分析がすっきりしてくる。

STEP 2

イメージを具体化する

数字が入ったイメージをつくる

軸の整理が終われば、次は具体的な数字を入れて分析・検討結果のイメージをつくっていく。定量分析の場合、結果の表現方法はおおむねチャートになるはずだが、数字が入ったチャートをイメージで描いていく。描いていくうちに、「このあたりの軸の取り方が要になる」「このヨコ軸は細かく値を取らなければならない」といったことがわかってくる。これ自体が大きな効用だ。

実際に分析をはじめたときに、この感覚が大きく作業を効率化してくれる。

忘れられがちだが、「数字は細かく取ればいい」というものではない。最終的にどの程度の精度のデータがほしいか、それをこの段階でイメージする。「50％か60％か」を見極めようとしているときに0．1％刻みのデータは必要ない（図10）。

実際にチャートのイメージを描くと、どのぐらいの精度のデータが必要か、何と何の比較がカギになるのかがはっきりする。仮説で「急に変化が大きく出るだろう」と思うところがあれば、そのあたりについては細かくデータを取っておく必要がある。

たとえば、ある清涼飲料の開発をしているとしよう。「人が甘いと感じる砂糖濃度」について調べる必要があるとする。私たちの知覚の基本性質を考えると、この結果の出方はおそらく直線ではなくS字カーブ的な曲線になる、と予測できる。さらに、世の中一般の清涼飲料は砂糖濃度が5~10%程度に分布していることを考えると、5%までと5~10%の間で感度が大きく異なる可能性が高く、10%以上ではまた感度が低くなるだろう、という仮説が立てられる(図11、次頁)。

図10　チャートのイメージとケタ数

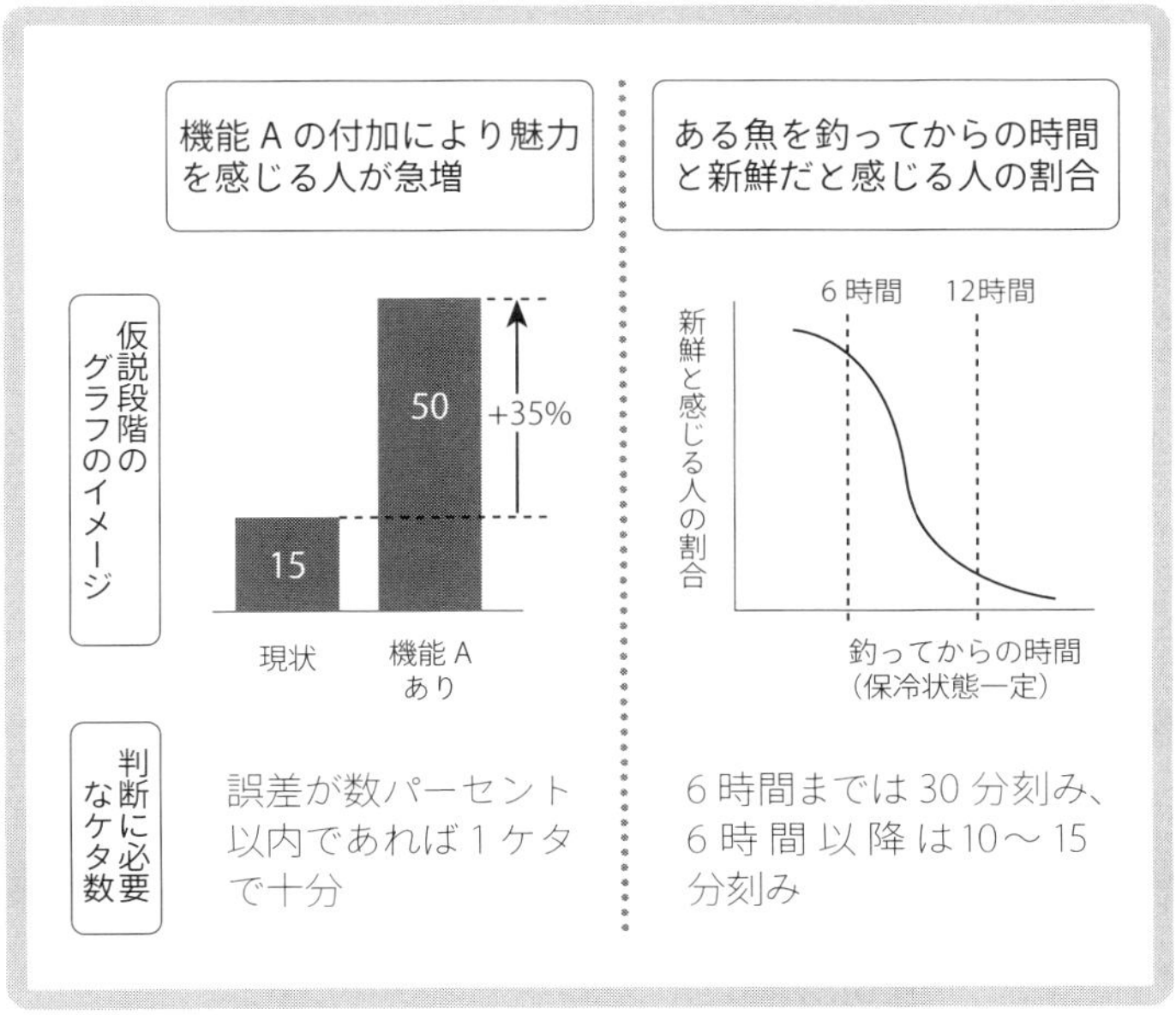

このように仮説を立てると、5～10%の間は細かくデータを取る必要があることが見えてくる。軸を整理するだけでなく、イメージを具体化することで、このように必要となる検討の細かさまでが事前にわかる。

意味合いを表現する

実際に数字が入った具体的なチャートのイメージを描く上では、比較による「意味合い」をはっきりさせることが必要になる。分析における意味合いとは何だろうか？　この答えは非常にシンプルだ。

分析の本質は比較だと述べた。したがって分析、また分析的な思考における「意味合い」は、「比べた結果、違いがあるかどうか」に尽きる。つまり「比較による結果の違い」が明確に表現できている

図11　「人が甘いと感じる砂糖濃度」の仮説

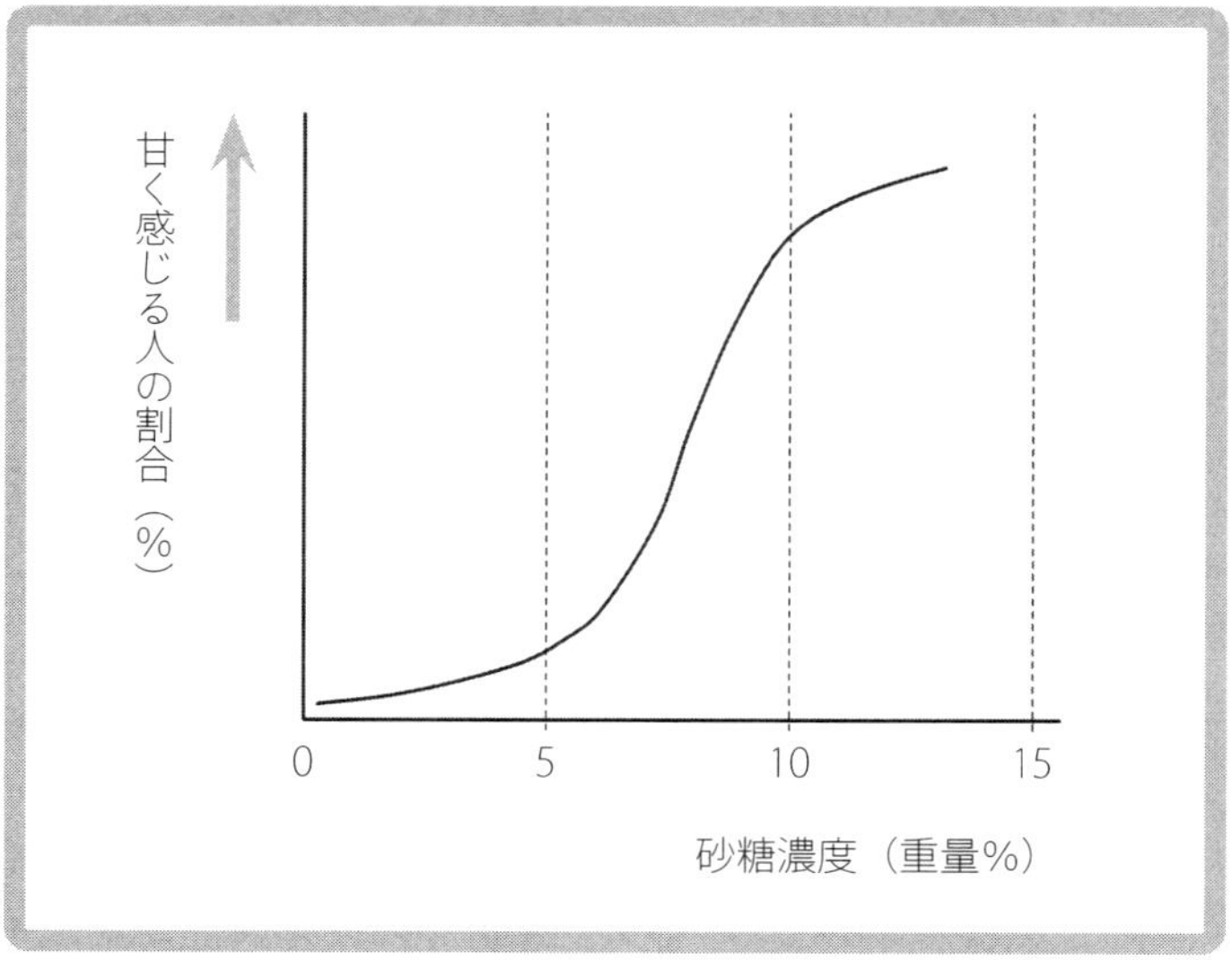

ことが「意味合い」を表現するポイントになる。明確に理解し得る違いとして、典型的なのは次の３つだ（図12）。

1　差がある
2　変化がある
3　パターンがある

これらのような最終的にほしい「意味合い」を分析イメージとして書き入れていく。分析開始前に必要な結果に対する強い意識をもっていれば、結果がうまく出ないときにも落胆し過ぎずに済み、諦めてはならないラインも明確になる。当然「何を生み出すためにこの分析をやっているのかわからない」ということも回避できる。このプロセスは最終的な結果のイメージを想像で埋めていく過程だ。「こういう結果がほしい」と思いつつ、楽しみながらやっていくことがコツだ。

図12　意味合いの本質

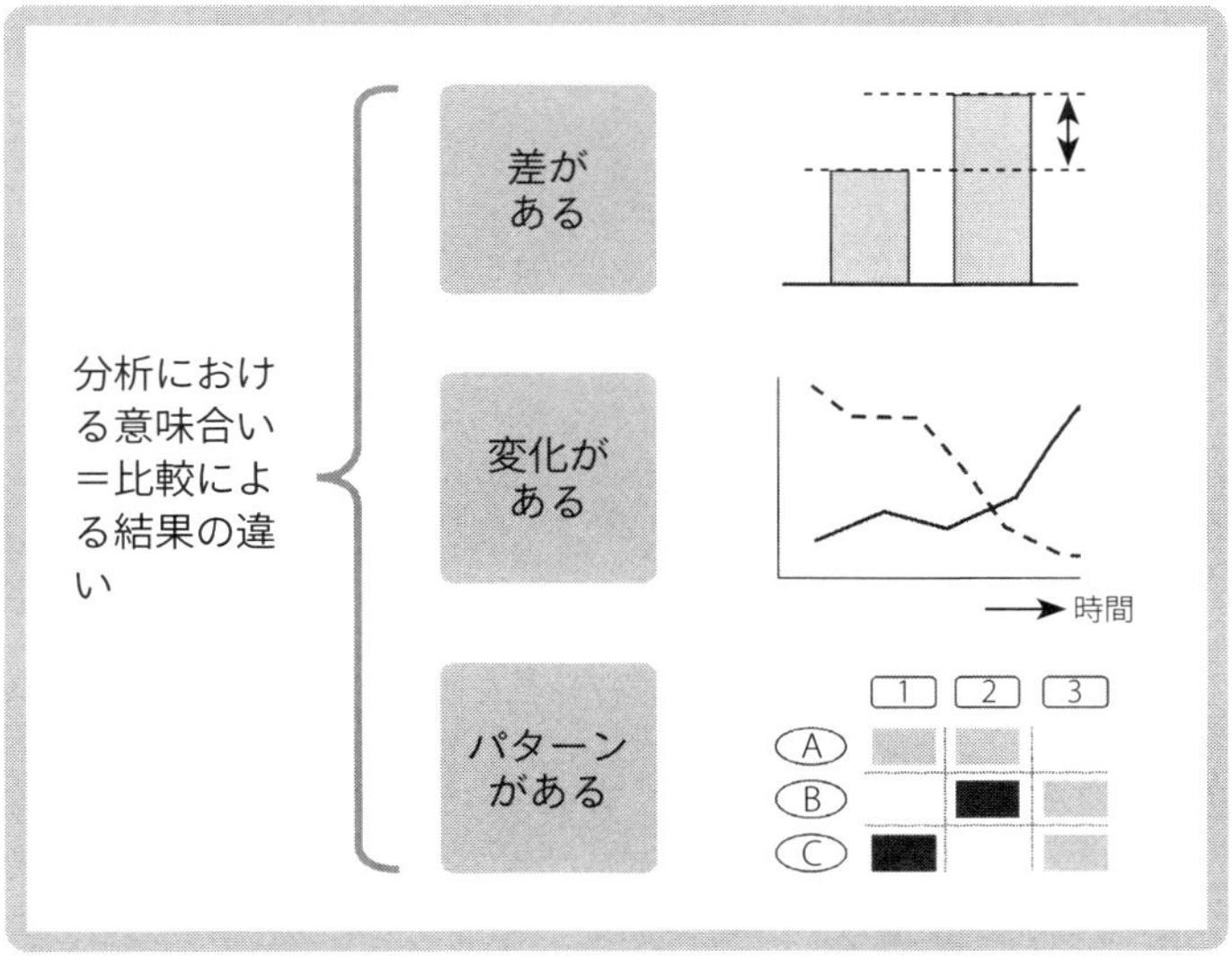

STEP 3

方法を明示する

どうやってデータを取るか

絵コンテづくりは「軸の整理」「イメージの具体化」でおおむね終わりだが、最後にひとつぜひやっておくべきことがある。それが、どうやってそのデータを取るのか、という方法を明示することだ。

イシューを設定し、それを基にストーリーラインをつくり、それに合わせて思い切った絵コンテをつくる。ここまではよくても、現実的に肝心のそのデータを取る方法がなければ、すべてが砂上の楼閣となってしまう。絵コンテはイシュー起点で大胆に描くことに意味があるが、最後の段階では実際のアプローチについても考えていく必要がある。

具体的には、「どんな分析手法を使ってどんな比較を実現するか」「どんな情報源（データソース）から情報を得るのか」ということを分析イメージの右側に描いていく。サイエンスであれば具体的な方法論はおおよそ明確だろう。ビジネスの課題であっても、どういった調査を行ってデータを取るのかを明示する。

たとえば、マーケティングにおける消費者調査には多種多様な方法があるが、自分の描いたストーリーラインにおいて採用すべき手法の見当がまったくつかない、という状況は避けたい。調査の回答者は訪問面接で集めるのかウェブで集めるのか、回答者の抽出は人口構成に比して集めるのか無作為か、あるいは特定の属性の人を多めにするのか、といったこともイシューの立て方によっては大切になる。通常のやり方ではうまくいきそうになく新しいアプローチが必要になることもある。これが活動の開始段階で見えることで、余裕をもって段取りを組むことができる。

科学の世界では大きな発見の前には大きな手法の開発があることが多いが、それはまさにこの「イシューからはじめる」のアプローチに由来している部分が大きい。大きな壁を突破するためにこれまでにない無理をし、新しい方法を開発した結果が大きな進展につながる。

僕が好きな話に、利根川進がノーベル賞につながる免疫系の遺伝子組み換えの研究をしていたときのエピソードがある。利根川は実験において、ＤＮＡの断片を分離する「ゲル（トコロテンの精製物を固めたもの）」が、通常の分子生物学で使われているものは長さ20センチメートル程度だったところ、「これでは足りない」と言って、他分野からもち込んだ2、3倍もあるゲルで実験し、研究上の壁を乗り越えたという。

「ほしい結果から考える人」にとっては当たり前のことでも、それを理解していない人にとっては驚くようなアプローチになることは多い。既存の手法の限界に踏み込む感じが出てきたら、「イシューからはじめる」という考えで分析の設計ができている可能性が高い。

とはいえ、常に新しい手法を発見しないと答えを出せない、というのも大変だ。ここでも既存の手法を活用すること、使える手法の意味と限界について正しく理解しておくことが役に立つ。自分の関連する分野でカギとなる手法は一通り知っておいたほうがよい。

たとえば、消費者マーケティングであれば、先ほど述べたとおり、調査と言っても、定性分析・定量分析のそれぞれに相当の数のやり方があり、定量分析の調査手法だけをとっても、郵送、電話、インターネット、訪問面接、1カ所での集中実施などがある（図13）。いずれも一長一短あるが、それらのどれかしかできないとなると、取り扱えるイシューの幅がずいぶん狭くなってしまう。

図13　手法の広がりを把握する：消費者マーケティングにおける調査手法の例

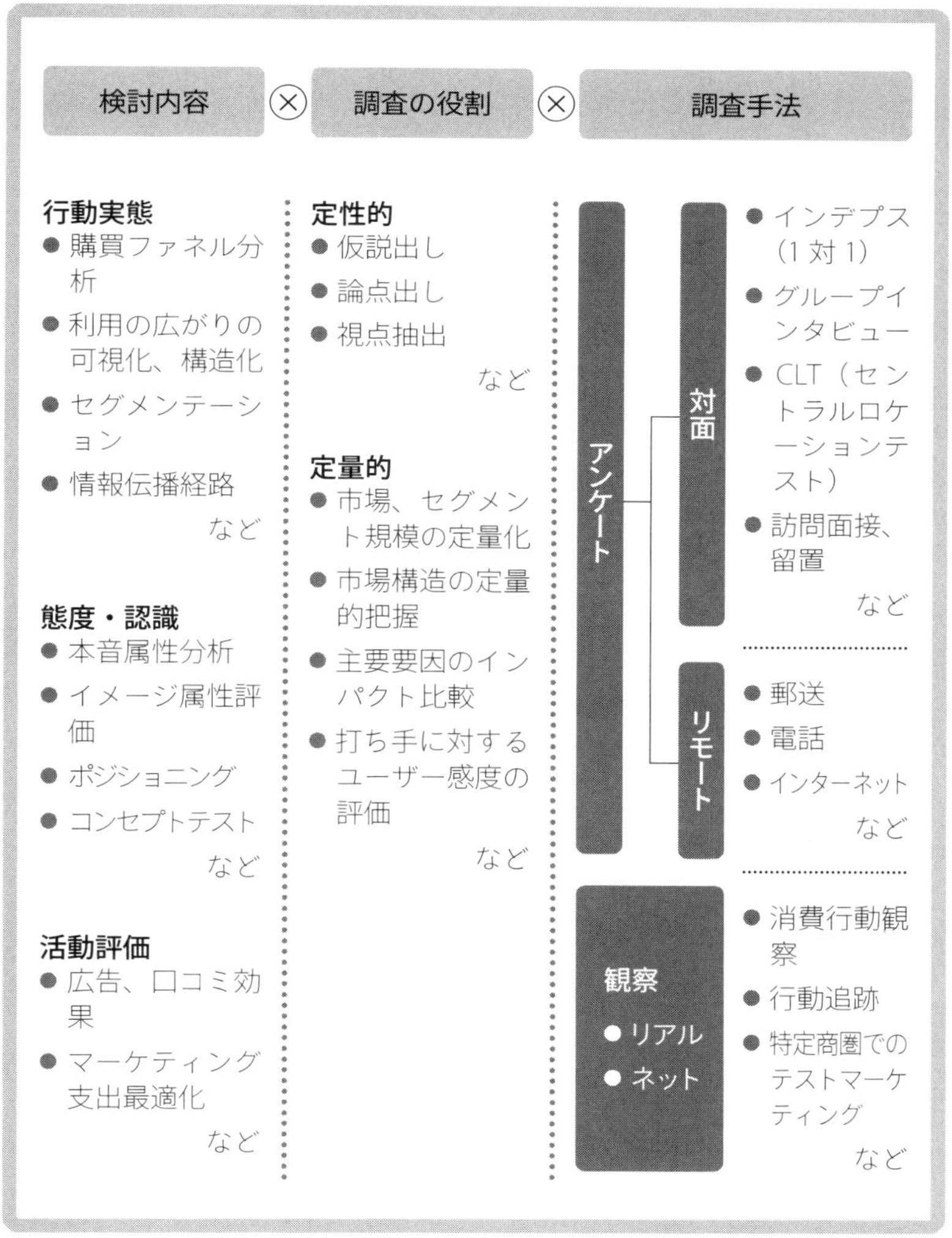

ただ、既存の手法について一通りなじむには、どのような分野であっても相当な年数がかかる。これらの知識や経験が足りない時期は、取り扱えるイシューが制限されないような工夫が必要だ。ここでも自分が関連する分野におけるご意見番的な人、あるいは相談に乗ってもらえる人を何人かもっておくことが有効だろう。

落語家・立川談春に『赤めだか』（扶桑社）というすばらしいエッセイ集があるが、それによると、立川流では一人前として認められる「二ツ目」になるためには古典落語を50マスターしなければならないのだそうだ。

実際のところ、どのような分野であっても、多くのプロを目指す修行のかなりの部分はこれら既存の手法、技の習得に費やされる。この際に「イシューからはじめる」意識をもっていれば、さまざまな場面を想定した技の習得意識は大きく高まる。「目線が高い人は成長が速い」という、プロフェッショナルの世界における不文律は、この意識に由来しているのだと思う。

column

知覚の特徴から見た分析の本質

なぜ、分析を比較の視点で設計し、イシューやサブイシューに答えを出すことが効果的なのか。これを僕のサイエンスの専門である脳神経系の働きから少し考察してみよう。

結論から言えば、答えを出すべきイシューに、比較によって意味合いが生まれるのは、僕たちの脳の情報処理の特徴のためだ。第1章でも少し触れたが、実は神経系にはコンピュータにおける記憶装置にあたるものがない。あるものは神経同士のつながりだ。

知覚の視点から見たとき、留意しておきたい神経系の特徴が4つある。

1　閾値《いきち》を超えない入力は意味を生まない

脳神経系の基本単位である単一のニューロンでは、ある一定レベルの入力がないと情報を長距離にわたって伝達する活動電位というものが発生しない。これを「全か無かの法則」というが、神経系は群であろうと脳のレベルになろうと、基本的に同じ特性をもっている。その結果、匂いであろうが音であろうが、ある強さを超えると急に感じられるようになり、あるレベルを割り込むと急に感じられなくなる。コンピュータも最小の情報モジュールとしてゼロ（0）とイチ（1）で処理をしているが、入力の強さと出力はあくまで線的な関係で行われる。一方、脳の場合、閾値が「入力の意味をもちうるライン」として存在しているのだ。

2　不連続な差しか認知できない

脳は「なだらかな違い」を認識することができず、何らかの「異質、あるいは不連続な差分」だけを認識する。これもコンピュータにはない特徴だ。

たとえば、「食堂でうどんを食べているときに、どこか離れている人がラーメンを食べていることにすぐに気づいた」というような経験をしたことがある人は多いと思う。しかし、目の前にあるうどんの匂いが食べているうちに数パーセント弱くなっても（これは実際に起こることだ）、それをすぐに察知できる人はいない。音であれ視覚であれ、これと同じことが言える。

脳は「異質な差分」を強調して情報処理するように進化してきており、これは脳における知覚を考える際の根源的な原理のひとつだ。そしてこれが、分析の設計において明確な対比が必要な理由でもある。明確な対比で差分を明確にすればするほど脳の認知の度合いは高まる。そう、分析の本質が比較というよりは、実は私たちの脳にとって認知を高める方法が比較なのだ。そして、私たちはこれを「分析的な思考」と呼んでいる。

これに関連した留意点としては、分析イメージを設計する際（第4章で詳説）には、同じような分析の型が続かないようにすることが重要だ。私たちの脳は異質な差分しか認識しないため、同じかたちのグラフやチャートが続くと、2枚目以降に関しては認知する能力が格段に落ちる。同じかたちが3枚続けば大きなインパクトを与えることは相当難しくなる。チャートの表現レパートリーは多くもち、極力同じかたちが続かないように工夫する。

3 理解するとは情報をつなぐこと

大脳皮質の情報処理の中心となるピラミッドのようなかたちをしたニューロンはひとつあたり数千から五千程度のシナプス（神経間の接合）を形成し、ひとつのニューロンが多くのニューロンとつながっている。ここで異なる情報をもった2つ以上のニューロンが同時に興奮し、それがシナプスでシンクロ（同期）したとき、2つ以上の情報がつながったということができる。すなわち、脳神経系では「2つ以上の意味が重なりつながったとき」と「理解したとき」は本質的に区別できないのだ。これが第3の特徴、すなわち「理解するとは情報をつなぐこと」という意味だ。

これを噛みしめつつ考えると、どうしてある種の説明は心理的な壁がない場合でも理解されないのか、ということがわかる。つまり、既知の情報とつなぎようのない情報を提供しても、相手は理解のしようがないのだ。そしてこれが、私たちが分析の設計において、「軸」を重視しなければならない理由でもある。分析における比較の軸は、複数の情報をつなぎ合わせるヨコ糸でありタテ糸となる。同じ基準から異なるものを見ることによって、情報と情報の「つなぎ」が発生しやすくなり、理解が進む。優

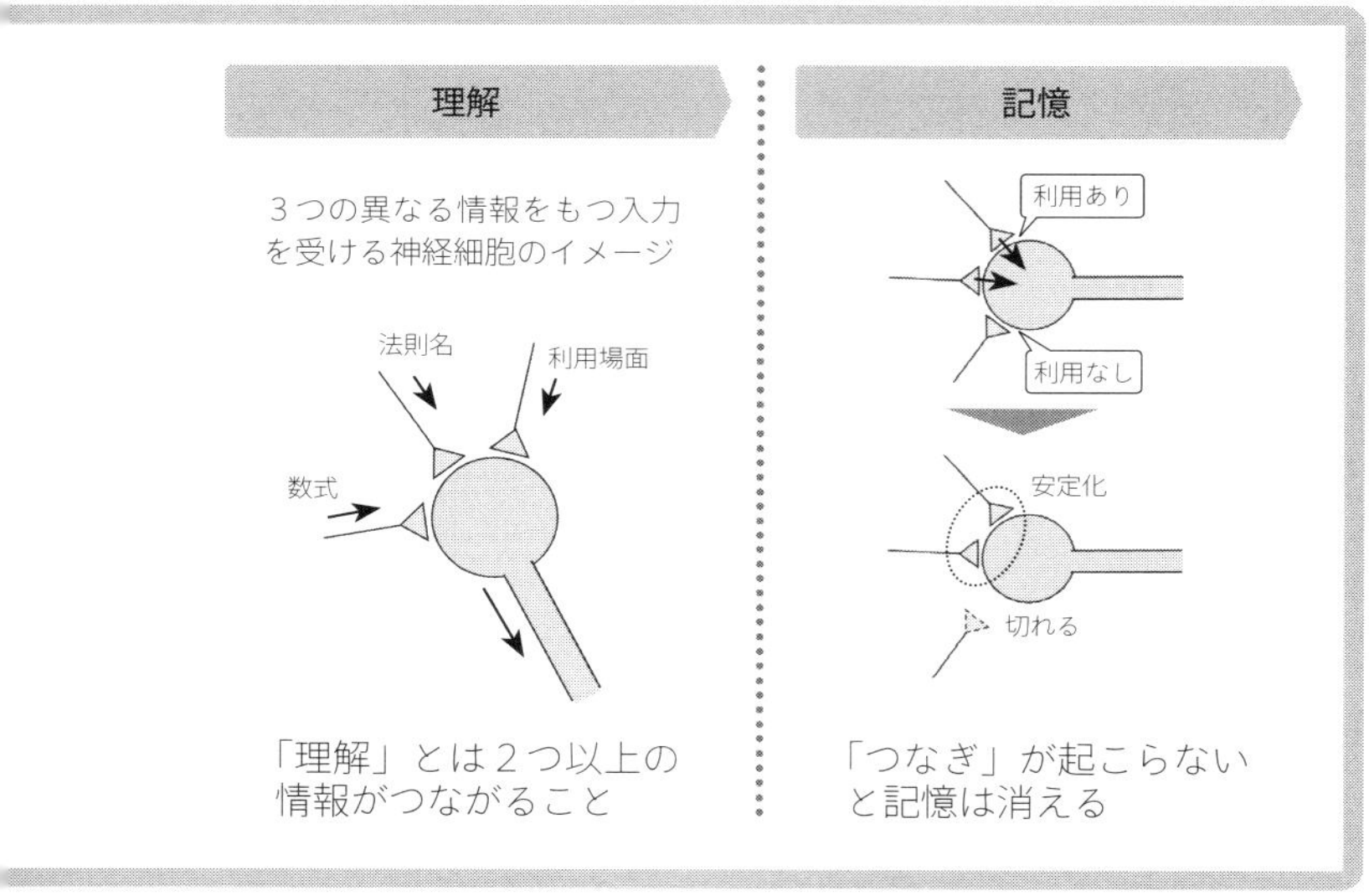

参考： *From Neuron to Brain* (Third Edition), John G. Nicholls, A. Robert Martin, Bruce G. Wallace, Sinauer Associates Inc.
The Neuron (Third Edition), Irwin B. Levitan, Leonard K. Kaczmarek, Oxford University Press

れた軸は複数の異なる情報をつなぐ力が強いのだ。

4　情報をつなぎ続けることが記憶に変わる

「理解することの本質は既知の2つ以上の情報がつながること」だと述べた。この結果、マイクロレベルの神経間のつなぎ、すなわちシナプスに由来する特性として「つなぎを何度も使うとつながりが強くなる」ことが知られている。たとえてみれば、紙を何度も折ると、折れ線がどんどんはっきりしてくることに似ている。これはヘッブという人が提唱したことから「ヘッブ則」と呼ばれているが、何度も情報のつながりを想起せざるを得ない「なるほど！」という場面を繰り返し経験していると、その情報を忘れなくなる。当たり前のように思えるが、これは日常ではあまり意識されていない。

図14　脳の知覚の特徴

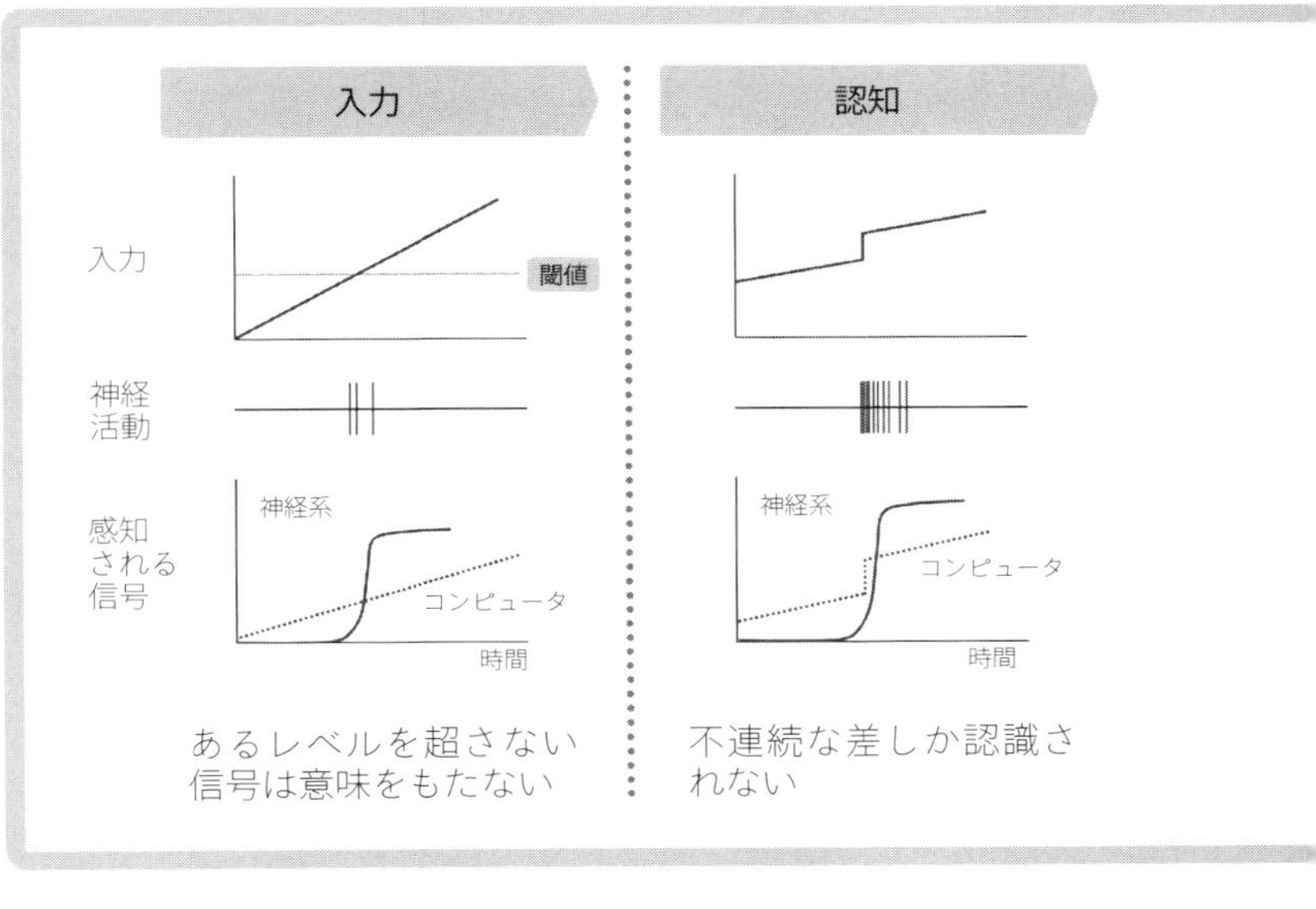

きちんと意味のあることを相手に覚えてもらおうと思うなら、オウムのように同じ言葉を繰り返してもダメだ。「××と〇〇は確かに関係している」という情報が実際につながる「理解の経験」を繰り返させなければ、相手の頭には残らない。外国語を学ぶとき、単語帳だけ見ていても覚えられないが、さまざまな場面である単語が同じ意味で使われていることを認知するとその単語を覚えられる、というのも同じ話だ。

そういう視点で見ると、間違った広告・マーケティング活動は枚挙にいとまがない。受け手の既知の情報と新しい情報をつなげる工夫こそが大切だ。

そしてこれが、明確に理解できるイシュー、サブイシューを立て、その視点からの検討を続け、その視点から答えを出さなくてはならないことの理由でもある。常に一貫した情報と情報のつながりの視点で議論をすることで受け手の理解が深まるだけでなく、記憶に残る度合いが大きく高まるのだ。

column

chapter **ISSUE DRIVEN**

0
序章
この本の考え方——脱「犬の道」

1
イシュードリブン
「解く」前に「見極める」

2
仮説ドリブン①
イシューを分解し、ストーリーラインを組み立てる

3
仮説ドリブン②
ストーリーを絵コンテにする

4
アウトプットドリブン
実際の分析を進める

5
メッセージドリブン
「伝えるもの」をまとめる

僕の代数は学校で教わったのではなく、屋根裏の物置で見つけた叔母の古い教科書を自分で読んで学んだものだ。おかげで、問題の目的は要するにXが一体なんであるかをつきとめることにあり、その答をどのやり方で出したかなどどうでもいいんだということを悟ることができたのは、実に幸運だったと思う。

——リチャード・ファインマン

リチャード・ファインマン：物理学者、1965年ノーベル物理学賞受賞
『ファインマンさんは超天才』クリストファー・サイクス著、
大貫昌子訳、岩波書店

アウトプットを生み出すとは

イシューが見え、ストーリーラインができ、それに合わせて絵コンテができれば、あとはその絵コンテを本物の分析にしていく。ついに実際に走り出す段階だ。

ただ、ここでやみくもに走るとケガをしたり、場合によってはコースアウトしたりで退場(＝プロジェクト中断)になってしまう。本章では、この実際の分析なりチャートをまとめていくプロセスにおいて、何に留意すればケガなく無事に走り切れるかをみていきたい。

このステップで何を目指すのかを再度確認しよう。序章の「犬の道」の話に立ち返るが、僕たちがやっているのは「限られた時間で、いかに本当にバリュー(価値)のあるアウトプットを効率的に生み出すか」というゲームだ。どれだけ価値のあるイシュー度の高い活動に絞り込み、そのアウトプットの質をどこまで高めることができるか、それを競うゲームだ。この段階はほかのどのステップよりもスポーツ的だ。正しい心構えと正しいゲームの理解が重要になる。

いきなり飛び込まない

最初に大切なのは、「いきなり分析や検証の活動をはじめない」ことだ。最終的に同じイシューを検証するための分析であっても、それぞれには軽重がある。もっともバリューのあるサブイシューを見極め、そのための分析を行う。ストーリーラインと絵コンテに沿って並ぶサブイシューのなかには、必ず最終的な結論や話の骨格に大きな影響力をもつ部分がある。そこから手をつけ、粗くてもよいから、本当にそれが検証できるのかについての答えを出してしまうわけだ。重要な部分をはじめに検証しておかないと、描いていたストーリーが根底から崩れた場合に手がつけられなくなる。ここはストーリーラインのなかで絶対に崩れてはいけない部分、あるいは崩れた瞬間にストーリーの組み替えが必要となる部分であり、具体的には、カギとなる「前提」と「洞察」の部分になるだろう。

それが終わったあとは、バリューが同じくらいであれば早く終わるものから手をつける。これがアウトプットを出す段階における正しい注力だ。

ガラスの靴で有名なシンデレラの物語は「シンデレラが継母の娘たちより圧倒的に魅力的である」という前提が話を成り立たせている。このように、どんなストーリーにもカギとなる前提がある。事業方針の転換をせまる場合であれば、「このままでいくと当該事業は大幅に落ち込む」「販売台数だけを追求すると赤字になる」というようなことだ。話の「空・雨・傘」の「空」における肝の前提部分であり、多くの場合、これが論理の大きな分岐点に対応している。右、左のどちらになるかでストーリーが根底から変わってしまうところだ。

シンデレラの話に戻ると、この物語には「ガラスの靴を履けるのはシンデレラだけである」という、カギとなる洞察がある。こうした洞察はどんなストーリーにもあり、プレゼンや論文のタイトルになる場合が多い。

- このビタミンは、特定のイオンがある濃度を超さないと効果を発揮しない
- この事業モデルは、3つの条件を満たさないと成功しない
- 異なる種と思われていた2つの魚は、実は同じ魚種のオスとメスだった

といったものだ(図1、次頁)。

このようなカギとなるサブイシューを検証する場合は、どちらに転ぼうと意味合いが明確に

なるタイプの検証を試みるようにする。答えを出そうとしている論点を明確に認識し、右なのか左なのか、それに答えを出すのだ。

日本が生んだ世界的な脳神経科学者の1人であるマーク・コニシこと小西正一（カリフォルニア工科大学教授・米国科学アカデミー会員）の言葉にこんなものがある。

「生物学には質問を肯定する結果が出ないと何の役にも立たない実験が多い。このような実験のことをアメリカの科学者はFishing expedition（魚釣の遠征）という。魚が釣れなければくたびれもうけとなるという意味である。理想的な実験とは、論理も実験も簡単で、どんな結果が出ても意義のある結論ができるものである」（『ロマンチックな科学者』井川洋二編、羊土社）

図1　前提と洞察から取り組む

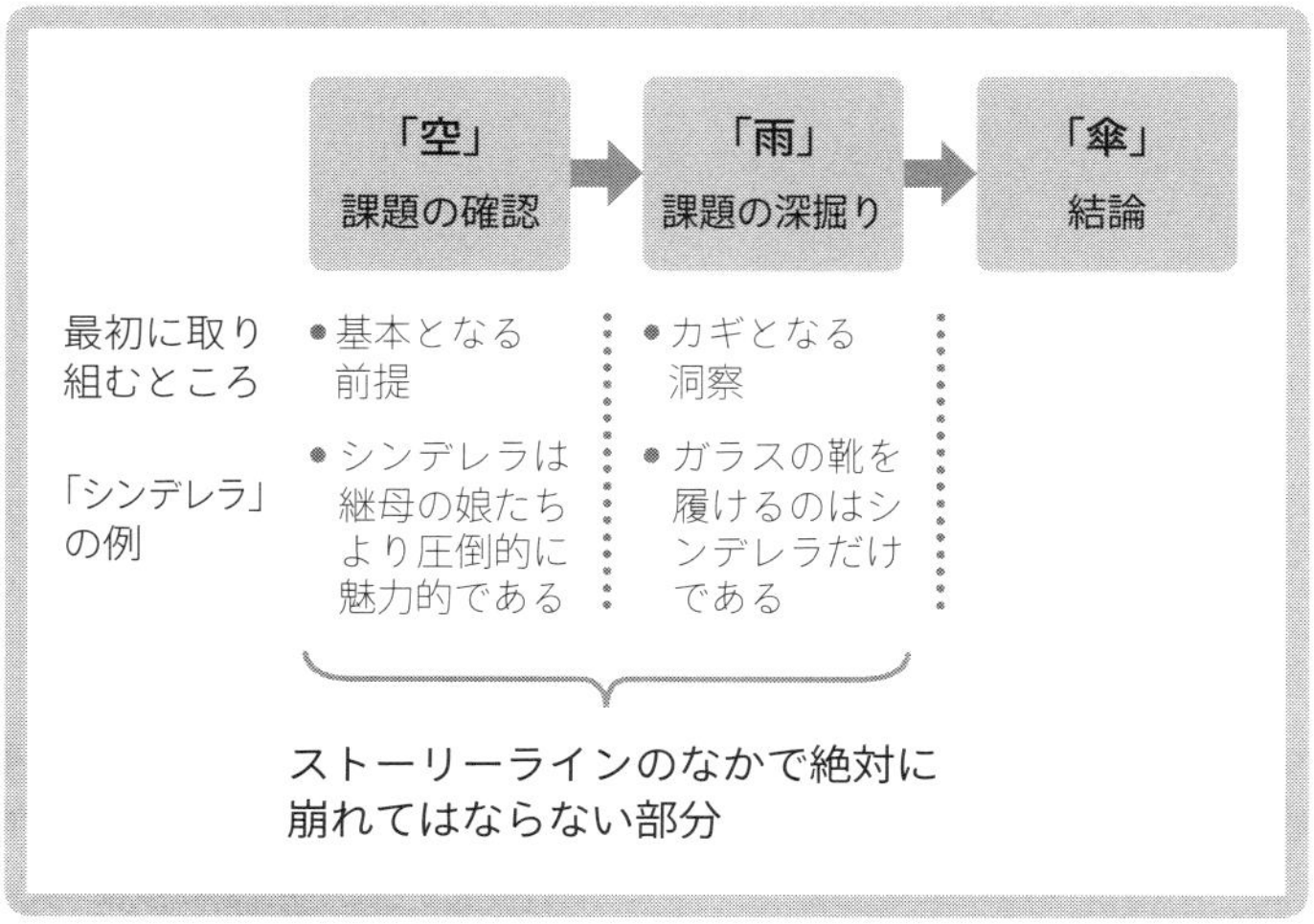

この小西の言葉からも、本当のイシューを明確に認識した実験（分析・検証）がどれほど貴重なものか、そしてそれを意識した進め方をすることがどれほど大切かということがわかる。

「答えありき」ではない

実際の取り組みにおける優先順位について理解したところで、次に念頭に置いておきたいのは、このアウトプットを生み出すステップで意味のある分析・検証は、「答えありき」とは対極にある、ということだ。

「イシューからはじめる、という姿勢でアウトプットを作成するように」と同じチームの若い人に言うとかなりの確率で誤解が起きる。それは「自分たちの仮説が正しいと言えることばかり集めてきて、本当に正しいのかどうかという検証をしない」というケースだ。これでは論証にならず、スポーツでいえばファウルのようなものだ。

「イシューからはじめる」考え方で、各サブイシューについて検証するときには、フェアな姿勢で検証しなければならない。

たとえば、天動説が主流である時代に地動説を唱えようとすれば、地動説に都合のよい事実ばかりを挙げるのではなく、天動説の論拠となっていることですら実は地動説のほうが正しく解釈できる、ということを論証し、そうでなければ無理なり矛盾なりが起きることを示す必要がある。

簡単に表現すれば「木を見て森を見ず」を避ける、ということだ。

あなたが携帯端末メーカーの人だとしよう。スマートフォンが全盛の時代に「ガラパゴス携帯」と言われる日本国内専用端末のシェアだけを取り出して、「我が社の端末の人気は不動です」といっても仕方ないことは簡単に想像がつくだろう。これはあまりにもあからさまな例だが、経験不足のときには隣に一緒に検討すべきものがありながらそれが抜け落ちている、というケースが少なくない。このような「木」しか見えていない検証は、必ずどこかで破綻する。そのとき、失った時間は戻ってこない。

僕たち1人ひとりの仕事の信用のベースは「フェアな姿勢」にある。都合のよいものだけを見る「答えありき」と「イシューからはじめる」考え方はまったく違うことを強く認識しておきたい（図2）。

図2　「答えありき」と「イシューからはじめる」考え方の違い

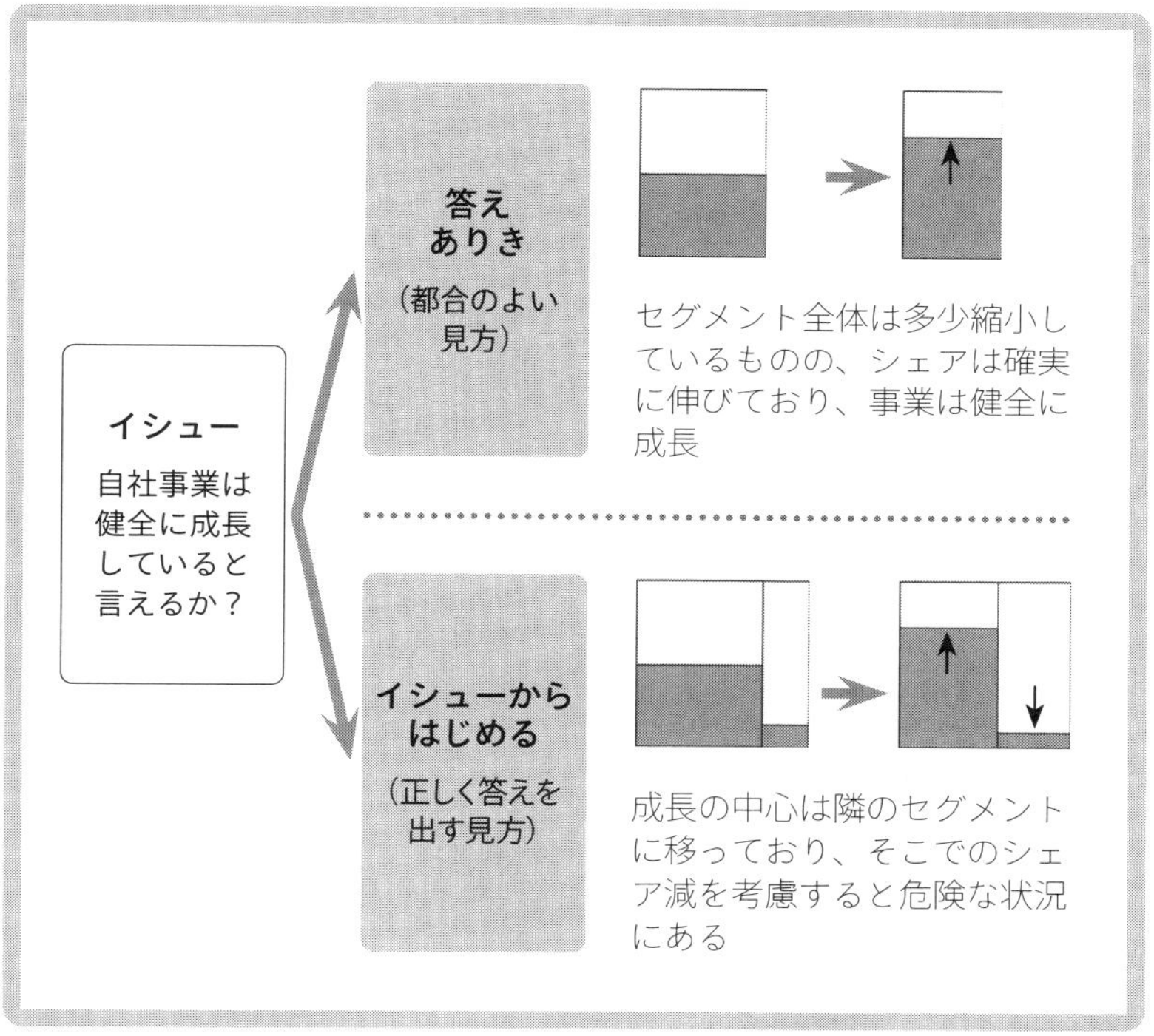

トラブルをさばく

2つのトラブル

次に重要なのは「正しくトラブルをさばく」ことだ。

アウトプットを生みだすステップは、障害物競走に似たところがある。イシューが見え、ストーリーラインが見えていて、「こうやって分析しよう」という絵コンテが見えていても、実際に手をつけてみると次々にトラブルが発生する。このような状況でスピードを落とすことなく走り続けていくためには、多少の障害物では転ばない工夫が必要だ。

トラブルへの予防策の基本は、重大なことにできる限りヘッジをかけておくことだ。ここが崩れたら話にならない、というような重要論点については、二重、三重の検証に向けたしかけを仕込んでおく。ひとつや2つが転んでも、何とか全体としてのイシューを検証できるようにしておくのだ。そして、仕込める限りのことを前倒しで仕込んでおく。そのためにストーリーラインづくりがあり、絵コンテづくりがあるのだ。仕込みがほかよりも長い見込みの場合、できる限り早く手を打っておく。着手が早ければ想定より準備に時間がかかることも早期にわかり、これだけで大きく生産性が上がる。

総じて、できる限り前倒しで問題について考えておくことだ。このように「できる限り先んじて考えること、知的生産における段取りを考えること」を英語で「Think ahead of the problem」と言うが、これは所定時間で結果を出すことを求められるプロフェッショナルとして重要な心構えだ。

トラブル① ほしい数字や証明が出ない

アウトプットを生み出すときの典型的なトラブルに「ほしい数字や証明が出ない」ことがある。特にこれまで語られたことのない新規性の高い視点で仮説を立てた場合、このような事態に陥ることがよくある。

たとえば、かつて僕が携わったあるプロジェクトでは、「〝衣・食・住・遊……〟といった、世の中を見る枠組みごとに経済規模を推定する」という試みをしたことがあるが、これなどはほしい数字がどこにもない、ということが最初から自明なケースだ。

大切なのは、直接使える数字がないとしても簡単にあきらめないことだ。頭を使えば直接は出せない数字を明らかにする方法はいろいろある。

▼構造化して推定する

たとえば、「ゲーム業界はハードの導入直後以外は、ソフトウェアで大きく売上・利益を出している」ということを検証しようとする。これはゲームメーカーの有価証券報告書・決算短信資料を見るだけでは検証できない。そのように分かれたデータはどこにも載っていないからだ。

このような場合には、「構造化する力」が重要になる。全体の売上については、

● 全体売上＝ハード売上＋ソフト売上

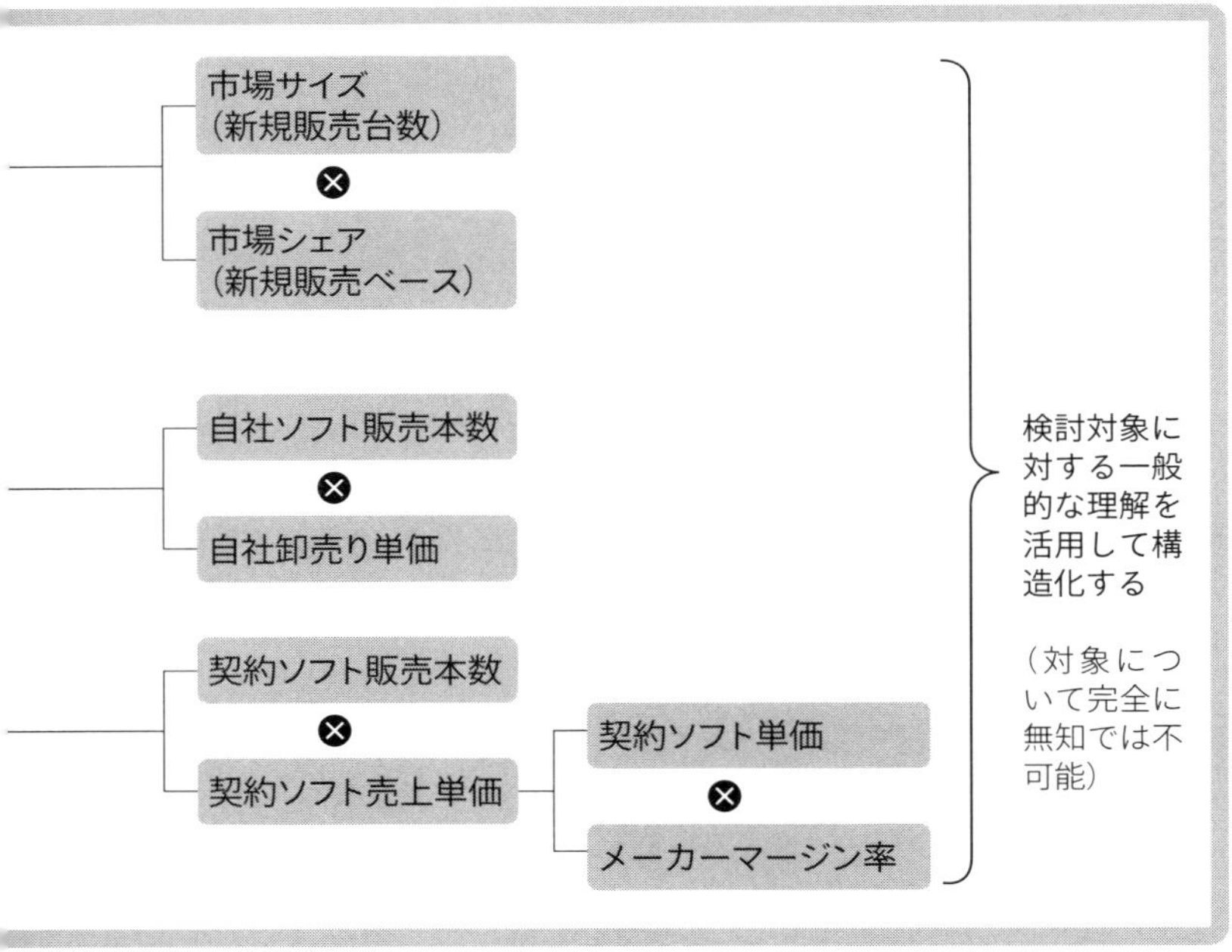

と考えられるので、図3のように分解してハード・ソフトの売上本数、おおむねの市場単価、卸売りの際の掛け値、メーカーマージン率（の推移）を基に試算すると、ざっくりとしたハードとソフトの売上比率が出てくる。

この例のように、どうやったらこの値を出せるか、どんな構造に分け、組み合わせれば出せるか、というように考えるのだ。

この本でも紹介している理論と実験双方に秀でた希有の物理学者、エンリコ・フェルミは、「米国を走っている電車の数」「（フェルミが教授として教えていた）シカゴにいるピアノ調律師の数」など、世の中のどんな数字でもざっくりと推定することができたという。一見、どうやって出したらよいのかわからないような数字

図3　構造化して推定する：ゲーム市場における売上構成推定の例

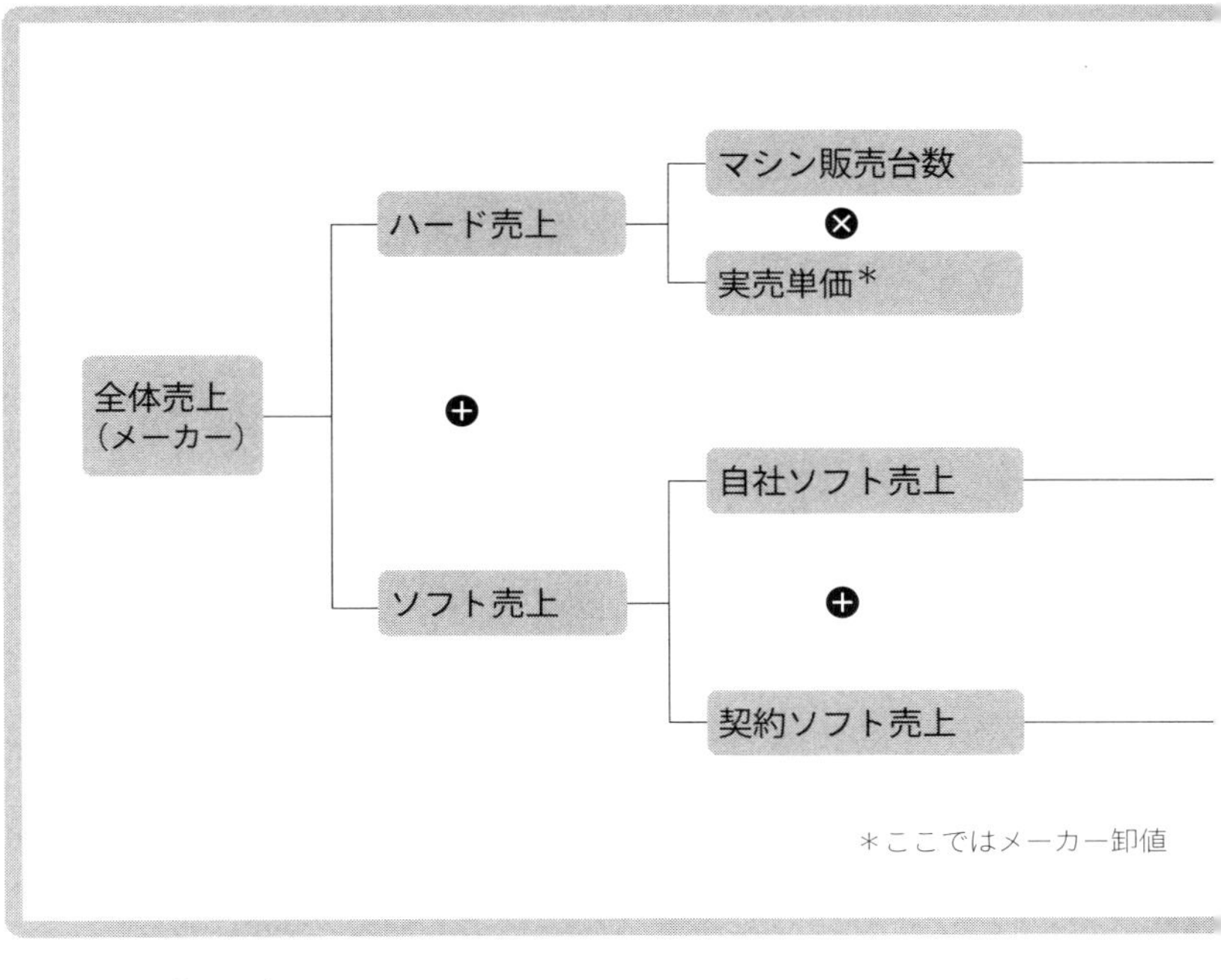

だが、前提（世帯数・ピアノをもつ世帯率・ピアノを調律する頻度など）と枠組みを使って出していく。このような推論の方法は「フェルミ推定」として知られてきたが、これも構造化によって数字を出す例だ。

サイエンスの研究の現場ではこの能力がいっそうシビアに問われる。僕の研究者時代を振り返ってもこの推定する力の重要性を実感する場面が多々あった。

米国の大学・研究所では、「マシンルーム」というものがあり、そこにいるプロが実験に使う装置をカスタムメイドでつくってくれる。その際には「どんな目的で、どんなデータがほしくて、実際にどんなデータが取れそうか」といった、こちら側の推定を聞いてつくるわけだが、その推定が甘いとせっかくの装置と費用がムダになり、頼んだほうも頼まれたほうも多大な苦痛が生じる。実験の場面でも「どのくらいの濃度で物質が存在しており、それはどの程度の量になるのか（5マイクログラムか50マイクログラムなのか）」といったことにあたりをつけておかないと、実験の進め方そのものを間違ってしまう。

▼足で稼ぐ

正面から正式な数字が取れなくても、大体どの程度の規模感かがわかればサブイシューに答えが出るという場合であれば、フットワークで情報を稼ぐというやり方も有効だ。たとえば「ある女性向けブランドの旗艦店の出店場所を、渋谷の公園通りと表参道のいずれかで考えている」としよう。どちらが自社の狙うターゲットに近いかを知りたいなら、これは直接調べるのがいちばん早い。平日と週末の同じ日にそれぞれ人を立ててざっと調べれば、おおむねの傾向と規模感がわかるはずだ。

▼複数のアプローチから推定する

重要な数値の規模感がわからないというときは、複数のアプローチから計算（測定）して値のレベルを知る、というやり方も有効だ。

たとえば「特定のセグメントにおける顧客あたりの利益率」を求めようとするとき、今ある数値の精度が低い場合には、全体の値やほかのセグメントの値から逆算して比較する。また、ある商品の売上高を知りたい場合、実際の数字が出ていなくても「単価×売上個数」「市場規模×市場シェア」など複数のアプローチから計算して近い値を推定することができる。特定商品の市場規模であれば「対象者数×1人あたりの消費額」「主要チャネル別の平均売上個数×販売単価」などから推定することが可能だ。

こうやっていくつものやり方で数値を出していくことで、おおよその数値が推定できることが多い。「幅から見る」わけだ（図4）。

ここまで、「構造化して推定する」「足で稼ぐ」「複数のアプローチから推定する」という3つの方法を紹介したが、こういう多面的な数値推定（検討）のアプローチを技としてもっていると、重要な数値が出たときにざっくりとした検算もできるので、大きな間違いを起こすリスクが減る。少なくとも自分の専門分野でよく出てくるような数値は、おおむね推定できるようにしておきたいものだ。

トラブル② 自分の知識や技では埒が明かない

図4　複数のアプローチから推定する：売上高推定の例

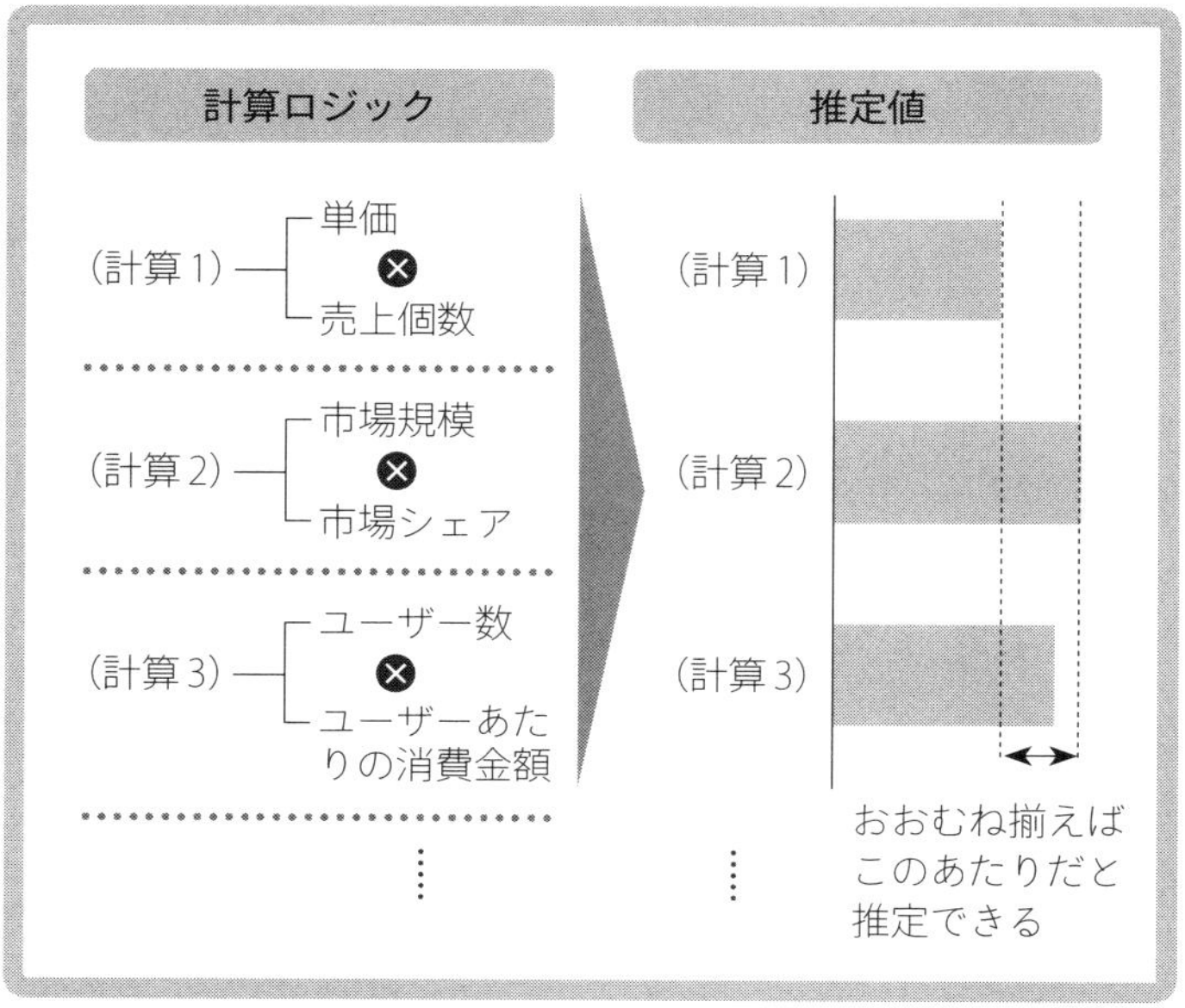

アウトプットを生み出すステップにおける典型的なトラブルの2つめは、自分の知識や技では埒《らち》が明かなくなることだ。勝負をかけたはずの実験がうまくいかない、やり慣れたはずの分析手法でもほしいデータが出ない、2週間でできると思っていたことが2カ月かかることがわかる……。厄介ではあるが、こうしたことはある頻度で必ず起こる。このようなときにはどうすればいいのか?

もっとも簡単なのは「人に聞きまくる」ことだ。格好よく言えば「他力を活用する」わけだ。それなりの経験ある人に話を聞けば、かなりの確率で打開策の知恵やアイデアをもっているものだ。運がよければ同様のトラブル時にどのようにして回避したかを教えてもらえることもあるし、通常では手に入らない情報の入手法を聞けることもある。自分の手がける問題について、「聞きまくれる相手」がいる、というのはスキルの一部だ。自分独自のネットワークをもっているのは素晴らしいことだし、直接的には知らない人からもストーリーぐらいは聞けることが多い。

では、人に尋ねようのない問題や独自のやり方がうまくいかないときはどうするか。

この答えは、「期限を切って、そこを目安にして解決のめどがつかなければさっさとその手法に見切りをつける」というものだ。期限の目安は分野によって違うだろうが、新しい手法が機能するかどうかの見極めまでなら、ビジネスの場合では数日から1週間程度だろうし、僕のやっていた生命科学分野の研究では、2、3週間程度とすることが多かった。

誰にでも愛着のあるやり方・手法がある。信頼性もあるし、ふつうにやれば慣れているのでスピードも速い。特にその手法が自分や自分のチームが生み出したものだったりすると、人の性《さが》としてどうしてもそれにこだわりたくなるものだ。ただ、こだわりはほどほどにしないと、そこに足をすくわれ、分析・検証が停滞してしまう。どれほど馴染みがあって自信のある手法でも、それでは埒が明かないとわかれば、さっさと見切りをつける。

通常、どんなイシューであろうと、分析・検証方法はいくつもあるし、どれかが絶対的に優れているということもさほどない。自分の手法より簡単で時間のかからないアプローチがあれば、当然それでやるべきだ。

この冷徹な判断が僕らを助けてくれる。その手法以外は考えられないという状況に陥っていないか、常にチェックしておきたい。どんな分析でも代替策が何もないという事態は極力避ける。どんな方法であってもよいからイシューに答えを出せればよいと考え、その視点で手法の見切りが必要かどうかをこまめに考えることだ。

軽快に答えを出す

いくつもの手法をもつ

「人工知能の父」と言われるMIT人工知能研究所の設立者、マービン・ミンスキーがリチャード・ファインマンを評した次の言葉が、質の高いアウトプットを出すことについての本質を突いている。

「いわゆる天才とは次のような一連の資質を持った人間だとわしは思うね。

- 仲間の圧力に左右されない。
- 問題の本質が何であるかをいつも見失わず、希望的観測に頼ることが少ない。
- ものごとを表すのに多くのやり方を持つ。ひとつの方法がうまく行かなければ、さっと他の方法に切り替える。

要は固執しないことだ。多くの人が失敗するのは、それに執着しているというだけの理由で、なんとかしてそれを成功させようとまず決め込んでかかるからじゃないだろうか。ファインマンと話していると、どんな問題が持ち上がっても、必ず〈いやそれにはこんな別の見方もあるよ〉と言ったものだった。あれほど一つのものに固執しない人間をわしは知らないよ」

（『ファインマンさんは超天才』　C・サイクス著、大貫昌子訳／岩波書店）

ミンスキーの話からわかるのは、「もっている手札の数」「自分の技となっている手法の豊かさ」がバリューを生み出す人としての資質に直接的に関わる、ということだ。カーブと速球しか投げられないよりもシュートやフォークも投げられるほうがよいに決まっている。得手・不得手の意識もなければないほどよい。

米国大学院のPh.D.プログラムでは、3カ所程度の異なるラボ（研究室）を回ることを必須要件にしていることが多い。最初からひとつの研究室に所属させる日本の大学院とは対照的だが、これも「自分の技を複数もつための方法」だと言える。直接的な経験がある分野を複数もち、直接話せる人がいると、いざというときに大きな助けになる。

僕はこれまでビジネスでは主に消費者マーケティング分野で活動してきたが、特定の調査手法だけでは大きなイシューに答えを出せないことが多かった。いくつもの方法を組み合わせたり、既存の手法に自分なりの視点を加えたりすることで、はじめて答えに近づく。だからこそ、使える手法は多いに越したことはない。第3章でも見たとおり、自分の関連する分野における分析手法には一通りなじんでおこう。そして、何の分野であれ、仕事や研究をはじめた最初の5年や10年はなるべく広い経験とスキルの育成に励むことだ。

回転率とスピードを重視する

正しくアウトプットを理解し、注力し、トラブルを回避すれば、最後は「軽快に答えを出す」だけだ。どんなイシューもサブイシューも、答えを出してはじめてそれに関する仕事が終わった、と言える。ここで大切なことは「停滞しない」ことだ。要は手早くまとめていくのだが、そのためには次のコツを知っておきたい。

停滞を引き起こす要因として、最初に挙げられるのが「丁寧にやり過ぎる」ことだ。「丁寧にやってなぜ悪いのか」と言われるかもしれないが、生産性の視点から見ると、丁寧さも過ぎると害となる。僕の経験では、「60％の完成度の分析を70％にする」ためにはそれまでの倍の時間がかかる。80％にするためにはさらに倍の時間がかかる。一方で、60％の完成度の状態で再度はじめから見直し、もう一度検証のサイクルを回すことで、「80%の完成度にする半分の時間」で「80%を超える完成度」に到達する。単に丁寧にやっていると、スピードだけでなく完成度まで落ちてしまうのだ（図5）。

よって、数字をこねくり回さず、手早くまとめることが大切だ。1回ごとの完成度よりも取り組む回数（回転数）を大切にする。また、90%以上の完成度を目指せば、通常は途方もなく時間がかかる。そのレベルはビジネスではもちろん、研究論文でも要求されることはまずない。そういう視点で「受け手にとっての十分なレベル」を自分のなかで理解し、「やり過ぎない」ように意識することが大切だ。

図5　回転の効用のイメージ

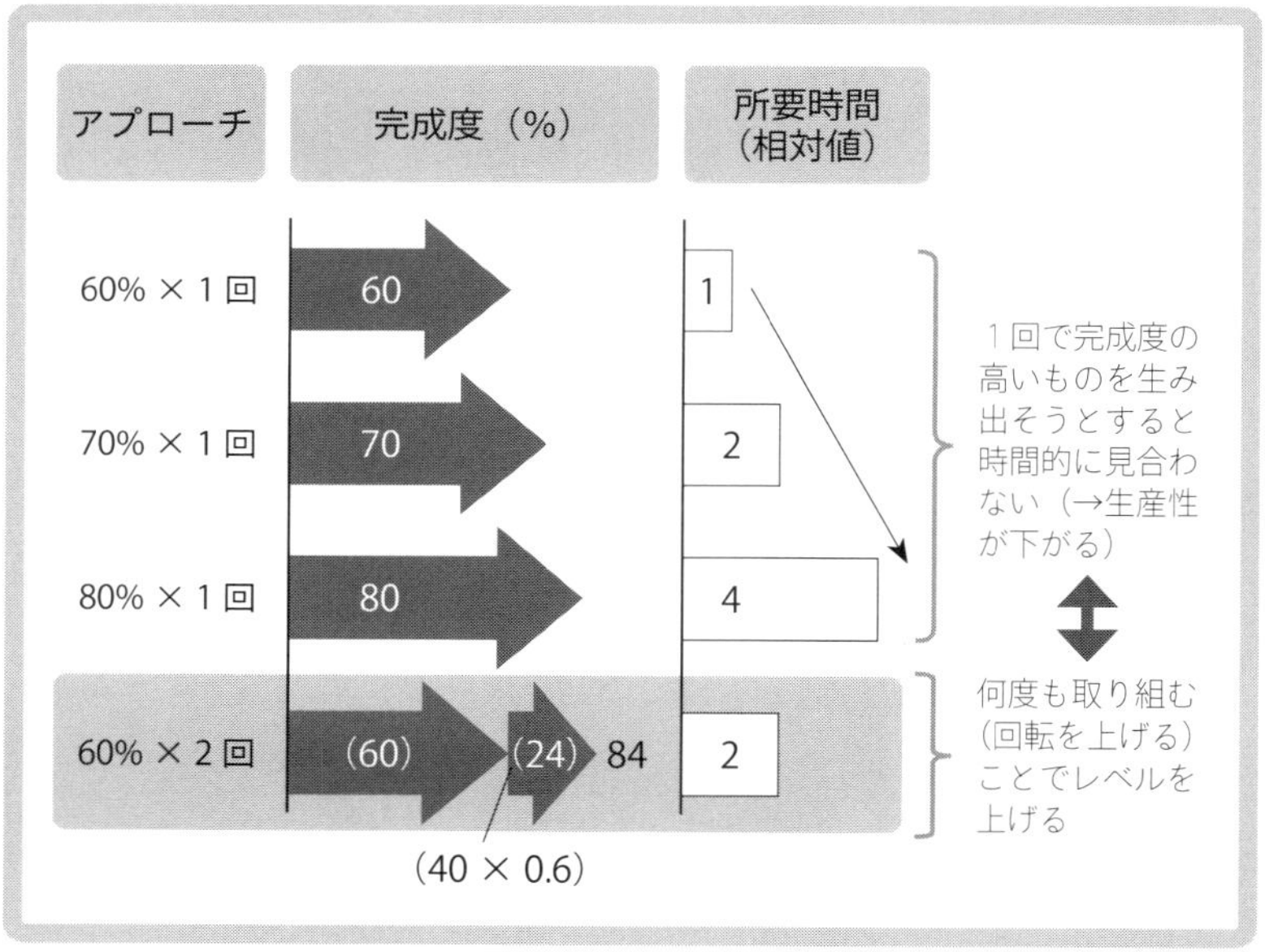

最後に「解の質」を示すマトリクスを載せておきたい（図6）。序章の繰り返しになるが、インパクトのある方法でイシューに答えを出せればそれは素晴らしいことだ。だが、大切なのは「答えを出せるかどうか」だ。どれほどエレガントなアプローチを取ったとしても、それが正しくイシューに答えを出せなければ何のインパクトも生み出さない。そして、もうひとつ「スピード」というものがここでは決定的に重要になってくる。この「完成度よりも回転率」「エレガンスよりもスピード」という姿勢を実践することで、最終的に使いものになる、受け手にとって価値のあるアウトプットを軽快に生み出すことができる。

図6　「解の質」のマトリクス

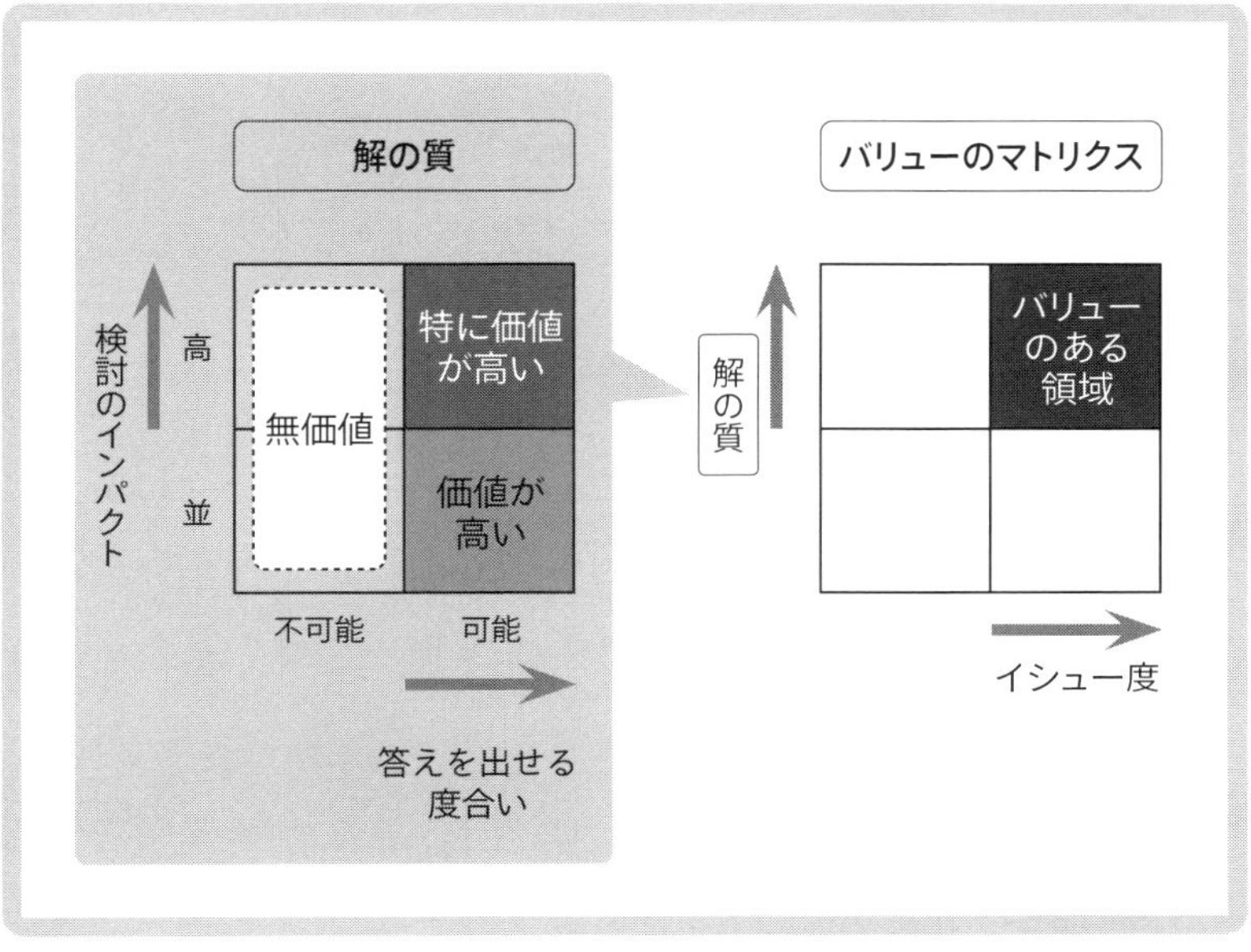

chapter

ISSUE DRIVEN

（略）サイエンスにはよいサイエンスと悪いサイエンスとがある。（略）いろいろな実験を数多くやり、新しい結果から現象を次々に見つけていっても、その多様性、複雑性を記述し論文として発表することによって、かえって本質的なものをとらえにくくするような結果になることがしばしばある。だが、もちろん、その多様性、複雑性の中に隠されている何か簡単な本質的なもの、新しい考え方、理論、こういうものを常に意識して探そうとして実験をしていく人たちもいる。そうして、それが成功したときに、サイエンスの本当の進歩がある（略）

——野村眞康によるジェームス・ワトソンの言葉

野村眞康：分子生物学者・カリフォルニア大学教授・米国科学アカデミー会員
ジェームス・ワトソン：分子生物学者、1962年ノーベル生理学・医学賞受賞
『ロマンチックな科学者——世界に輝く日本の生物科学者たち』
井川洋二編、羊土社

ここから先は実際に論文なりプレゼンの資料をまとめていく作業の解説に入る。そうした場面は一切ないという方は、ざっと目を通す程度にしていただければと思う。

「本質的」「シンプル」を実現する

ついに最後の仕上げのステップだ。イシュー、それを基にしたストーリーラインに沿って分析・検証が済んだら、あとはイシューに沿ったメッセージを人に力強く伝わるかたちでまとめる。これが僕が「メッセージドリブン」と呼んでいるこの章の概要だ。仮説ドリブン、アウトプットドリブンに続く、イシューに対する解の質をグッと高める「三段ロケット」の最後にあたる。

一気に仕上げる

ここまでの手法に沿って正しく検討を進めていれば、解はかなりの質にまで到達しているはずだが、これを一気に仕上げ、完成品にするのがこのステップだ。ここの踏ん張りで、同じネタでも見違えるほど力強いアウトプットになる。

まとめの作業にとりかかる前には、「どのような状態になったらこのプロジェクトは終わるのか」という具体的なイメージを描く。単に資料や論文ができればいいわけではない。

ここまで目指してきたのは、価値のあるアウトプットだ。「イシュー度」が高く、「解の質」も高いアウトプットだ。それだけが人の心にインパクトを与え、価値を納得させ、本当に意味のある結果を生み出すことができる。それがこのメッセージドリブン、つまり最後のステップを終えて私たちが目指す到達点であり、そのために何が必要なのかを再度深く考えたい。

検討報告の最終的なアウトプットは、ビジネスではプレゼンテーション、研究では論文というかたちをとることが多いだろう。これらは第一に聞き手・読み手と自分の知識ギャップを埋めるためにある。聞き終わったとき、あるいは読み終わったときに、受け手が語り手と同じように問題意識をもち、同じように納得し、同じように興奮してくれているのが理想だ。このためには、受け手に次のようになってもらう必要があるだろう。

1　意味のある課題を扱っていることを理解してもらう
2　最終的なメッセージを理解してもらう
3　メッセージに納得して、行動に移してもらう

では、そもそも、僕たちの話を聞いてくれる（あるいは読んでくれる）受け手は、どういう人たちだと想定すべきだろうか？

僕が最初に訓練を受けた分子生物学の分野では、講演・発表をするにあたっての心構えとして「デルブリュックの教え」（マックス・デルブリュックはファージという細菌に感染するウイルスを使った遺伝学の創始者の1人、1969年にノーベル生理学・医学賞を受賞）というものがある。これは科学に限らず、知的に意味のあることを伝えようとしている人にとって、等しく価値のある教えではないかと思う。それが次のようなものだ。

ひとつ、聞き手は完全に無知だと思え
ひとつ、聞き手は高度の知性をもつと想定せよ

どんな話をする際も、受け手は専門知識はもっていないが、基本的な考えや前提、あるいはイシューの共有からはじめ、最終的な結論とその意味するところを伝える、つまりは「的確な伝え方」をすれば必ず理解してくれる存在として信頼する。「賢いが無知」というのが基本とする受け手の想定だ。

その上で「イシューからはじめる」という当初から貫いてきたポリシーそのままに、「何に答えを出すのか」という意識を発表（プレゼン・論文）の全面に満たす。シンプルにムダをなくすことで受け手の問題意識は高まり、理解度は大きく向上する。一方、イシューがあいまいであればあるほど受け手の気は散り、理解度は落ちる。結果、望む結果にはほど遠くなる。本書では最初から「何に答えを出すべきか」というイシュー視点での目的意識を明確にもって進めてきたわけだが、このステップをその集大成とする。

「イシューからはじめる」世界では「何となく面白いもの」「たぶん大切だと思うもの」などは要らない。「本当にこれは面白い」「本当にこれは大切だ」というイシューだけがあればよい。複雑さは一切要らない。意識が散るようなもの、あいまいなものはすべて排除する。ムダをそぎ落とし、流れも構造も明確にする。

メッセージドリブン、つまり仕上げの段階では「本質的」「シンプル」という2つの視点での磨き込みを行う。まずはストーリーラインの構造を磨き、その上でチャートを精査する。要点をみていこう。

ストーリーラインを磨き込む

3つの確認プロセス

まずは、イシューに沿ったメッセージが伝わっているか、という視点でストーリーラインの構造を磨き込む（図1）。具体的には3つのプロセスがある。

1　論理構造を確認する
2　流れを磨く
3　エレベータテストに備える

それぞれのポイントをみていこう。

図1　ストーリーラインを磨く3つのプロセス

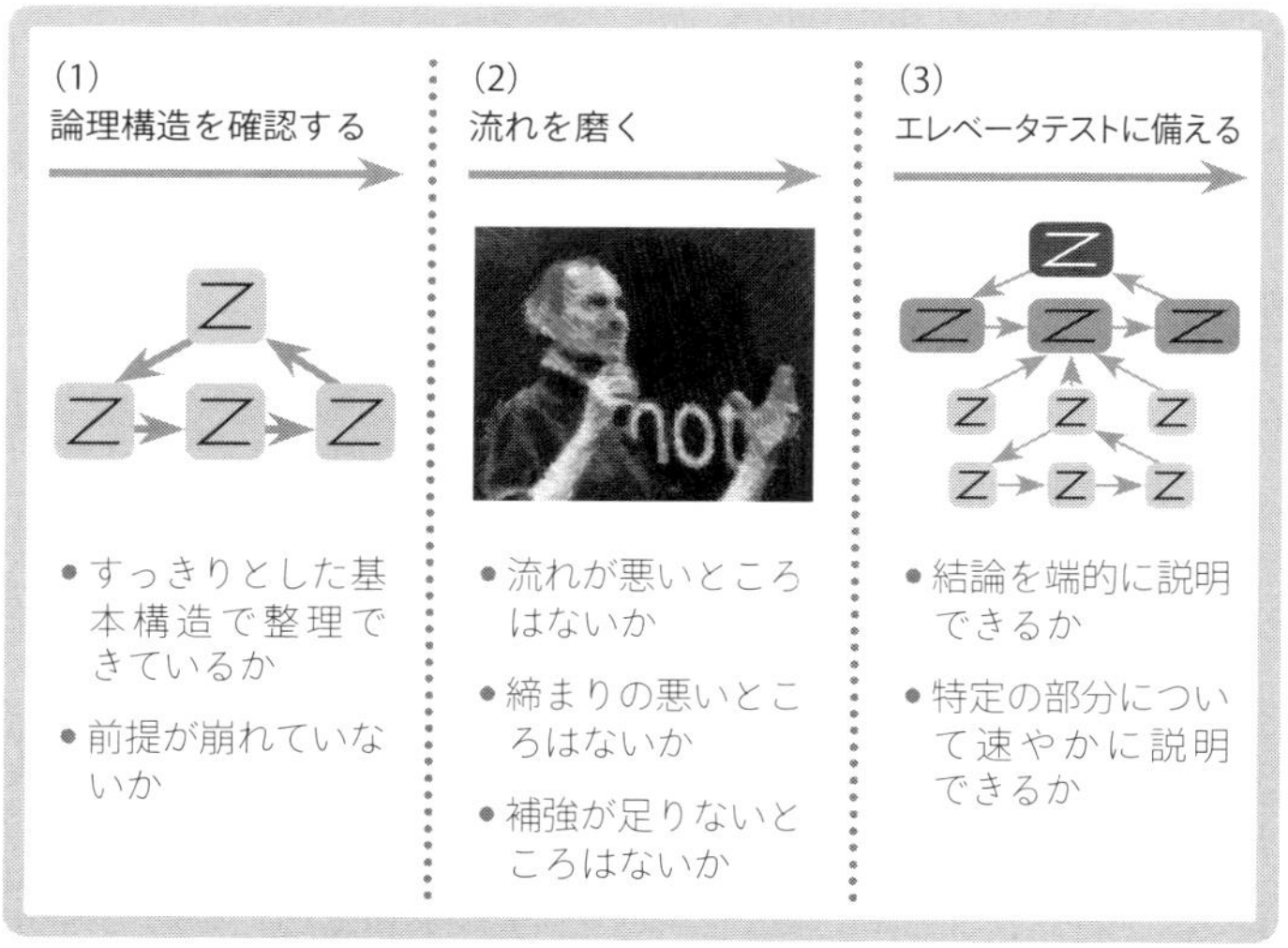

(1)
論理構造を確認する
Z
Z
Z
Z
●すっきりとした基本構造で整理できているか
●前提が崩れていないか
(2)
流れを磨く
●流れが悪いところはないか
●締まりの悪いところはないか
●補強が足りないところはないか
(3)
エレベータテストに備える
●結論を端的に説明できるか
●特定の部分について速やかに説明できるか

プロセス① 論理構造を確認する

最初に行うのは、基本的な論理構造を確認することだ。

これまでに紹介してきた手法をとっている限り、イシューもそれを支えるサブイシューも明確で、それを検証するための話の構造もきっちりピラミッド型に組んであるはずだ。分析・検証が終わり、個別のチャートも一通りできた時点ではその構造を確認しよう。

ストーリーラインの解説部分で述べたとおり、構造は結論をピラミッド型に支える「WHYの並べ立て」もしくは「空・雨・傘」のいずれかをとっているはずだ。まずは最終形がどちらかの構造ですっきり整理できていることを確認する。

「WHYの並べ立て」の場合、並列で挙げられた理由がひとつぐらい崩れても破壊的な影響は受けないことが多いが、「空・雨・傘」の場合、「空」の前提が崩れたり、それを受ける「雨」で大きな洞察が外れたりしていると、「傘」にあたる全体のメッセージに大きな影響が出る。同時に全体の構造を見直しながら、構造上不要になった部分を剥ぎ取っていく。「空・雨・傘」の構造で整理するのが難しくなった場合、「WHYの並べ立て」への組み替えができないかを考えるというのもありだ（逆のアプローチもありだが、それができるケースはあまりない）。「WHYの並べ立て」「空・雨・傘」いずれの構造においても、カギとなる洞察や理由はダブりもモレもない状態であることを確認する。

分析・検証の結果、全体のメッセージに影響が出たときには、全体のストーリー構造を見直す必要がないかを確認する。本来、答えを出すべきイシューを意識して行ったため、個別のサブイシューの分析結果が想定外でもそれなりに意味のあることになるというのは、これまで述べてきたとおりだ。むしろ、誰も想定しない結果のほうがインパクトを呼ぶ可能性が高い。第3章の冒頭でフェルミの言葉を引用したが、仮説が崩れたら「発見だ！」と思うぐらいの気持ちでよい。

話の流れや比較検討に使用したフレームワークがあれば、これも図としてまとめたほうがよい。ただし、話全体の構造として使うフレームワークは極力ひとつに留めておく。いくつものフレームワークを頭に置いて話を聞いたり論文を読み続けたりすることは、受け手の理解度を落とすからだ。

また、論理の構造を確認するこの段階でカギとなる新しい概念が出てきたら、「オリジナルの名前」をつけるとよい。手垢のついた言葉を使って説明したために大きな誤解を呼ぶことは多い。たとえば、トヨタ自動車は自社の生産方式のツールに「カンバン」という名前をつけ、GEは経営全体のプロセス改革手法に品質管理から生まれた「シックスシグマ」という名前をつけて展開した[*]。その結果、いずれも経営の教科書に載るほど浸透する概念となった。もちろん、名前をつける場面でもよほど意味のあるものに絞る、ということは大切だ。

プロセス② 流れを磨く

ストーリーの基本となる論理の構造を確認したら、次に確認するのが「流れ」だ。

優れたプレゼンテーションとは、「混乱のなかからひとつの絵が浮かび上がってくる」ものではなく、「ひとつのテーマから次々とカギになるサブイシューが広がり、流れを見失うことなく思考が広がっていく」ものだ。こうしたかたちを目指す。最終的なメッセージを明確な論理の流れのなかで示していくことが理想だ。

この話の流れを磨き込むためには、リハーサルをやりながら手を入れていく、という方法がお勧めだ。僕は通常2つのステップでリハーサルを行っている。最初が「紙芝居形式の荒磨き」、次が「人を相手にした細かい仕上げ」だ。

「紙芝居形式の荒磨き」は自分だけでも、チームメンバーに隣にいてもらってやってもいい。

＊ シックスシグマはモトローラの技術者ビル・スミスが開発。後にGEのジャック・ウェルチが企業活動全般の経営手法として発展させた。

チャートを揃え、めくりながら説明して、話の順番やメッセージのメリハリを修正していく。こうすると流れが悪いところ、締まりがないところ、補強が必要なところがすぐにわかる。流れ上、問題が出るチャートは大胆に抜いてしまってよい。もともとの論理構造が強いので、多少のことではストーリーや全体のメッセージが崩れることはない。

この「紙芝居形式の荒磨き」が終わったら、次に聞き手をおいて本番同様のリハーサルで細かい仕上げをする。素朴な疑問ほど大切になるので、聞き手はそのプロジェクトの検討テーマ・内容について直接的に知らない人がベストだ。建設的な意見を出してくれる気心の知れた人に頼みたい。メンバー以外の同僚や知人、内容が一般的であれば家族や恋人でもいいだろう。制約があってそうした人に頼めない場合は、メンバーに想定されている聞き手になったつもりでコメントをもらう。それすら無理な場合は、自分一人で壁に向かって説明し、それを録画して見返すことでもかなりの磨き込みができる。ちょっと抵抗のある人も多いだろうが、自分では気づかないクセやわかりにくい言い回しを見つけるために実に効果的だ。

リハーサルで論理の構造や分析・チャートの表現が明瞭なはずなのに説明がしにくい、というときはストーリーラインの流れに不要なものが混ざっている可能性が高い。説明上の落とし穴、誤解を招きやすい表現に気づくこともある。聞き手には「わかりやすいか」という視点とともに、「聞いていて引っかかるところはないか」という視点でもコメントをもらう。

プロセス③　エレベータテストに備える

ストーリーラインを磨き込む最後の確認事項は「エレベータテスト」に対する準備だ。

エレベータテストとは「仮にCEO（最高経営責任者）とエレベータに乗り合わせたとして、エレベータを降りるまでの時間で自分のプロジェクトの概要を簡潔に説明できるか」というものだ。時間にすれば20〜30秒程度で複雑なプロジェクトの概要をまとめて伝える、というこのスキルは、トップマネジメントをクライアントとして仕事を行うコンサルタントや大規模プロジェクトの責任者には必須のものだ。そのような立場にいない人でも、このテストによって、「自分がそのプロジェクトや企画、論文についてどこまで本当に理解し、人に説明し、ひいては売り込めるようになっているか」について測ることができる。

だが、実はこのテストの準備は既に8割方は終わっている。なぜなら、ピラミッド構造に組み上げたストーリーラインには、トップレベルに結論が並んでいるはずだからだ。その上で、構造が「WHYの並び立て」であれば根拠となる「WHY」を伝え、「空・雨・傘」であれば、「空」（何が問題なのか）・「雨」（重要な洞察は何か）・「傘」（問題の答えは何か）、それぞれの結論を伝えればよい。分析・検証の途中であれば、今のところの見立てを伝える。

エレベータテストでわかるのは、ピラミッド構造でストーリーをまとめることの利点だ。結論のポイントが並び、その下も同じ構造で要点が並ぶので、相手や使える時間に応じて「何をどのレベルまで

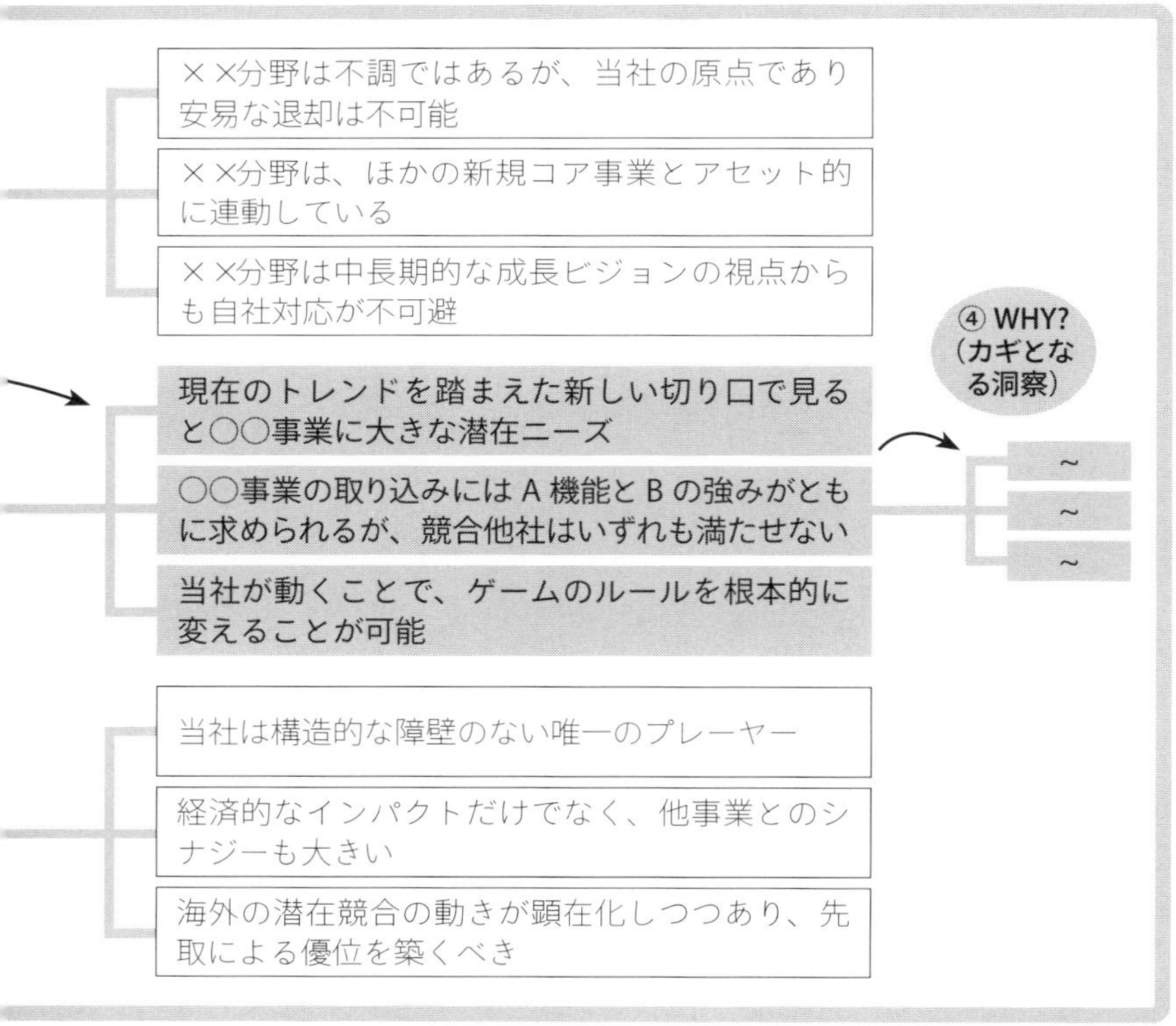

××分野は不調ではあるが、当社の原点であり安易な退却は不可能
××分野は、ほかの新規コア事業とアセット的に連動している
××分野は中長期的な成長ビジョンの視点からも自社対応が不可避
現在のトレンドを踏まえた新しい切り口で見ると○○事業に大きな潜在ニーズ
○○事業の取り込みにはA機能とBの強みがともに求められるが、競合他社はいずれも満たせない
当社が動くことで、ゲームのルールを根本的に変えることが可能
④ WHY?（カギとなる洞察）
~
~
~
当社は構造的な障壁のない唯一のプレーヤー
経済的なインパクトだけでなく、他事業とのシナジーも大きい
海外の潜在競合の動きが顕在化しつつあり、先取による優位を築くべき

説明すべきか」を自在に判断できる。「結論が見えない」と相手をイライラさせることもなく、相手が深く確認したいところについてはどんどん話を広げていくことができる（図2）。

図2　ピラミッド構造でエレベータテストに対応する

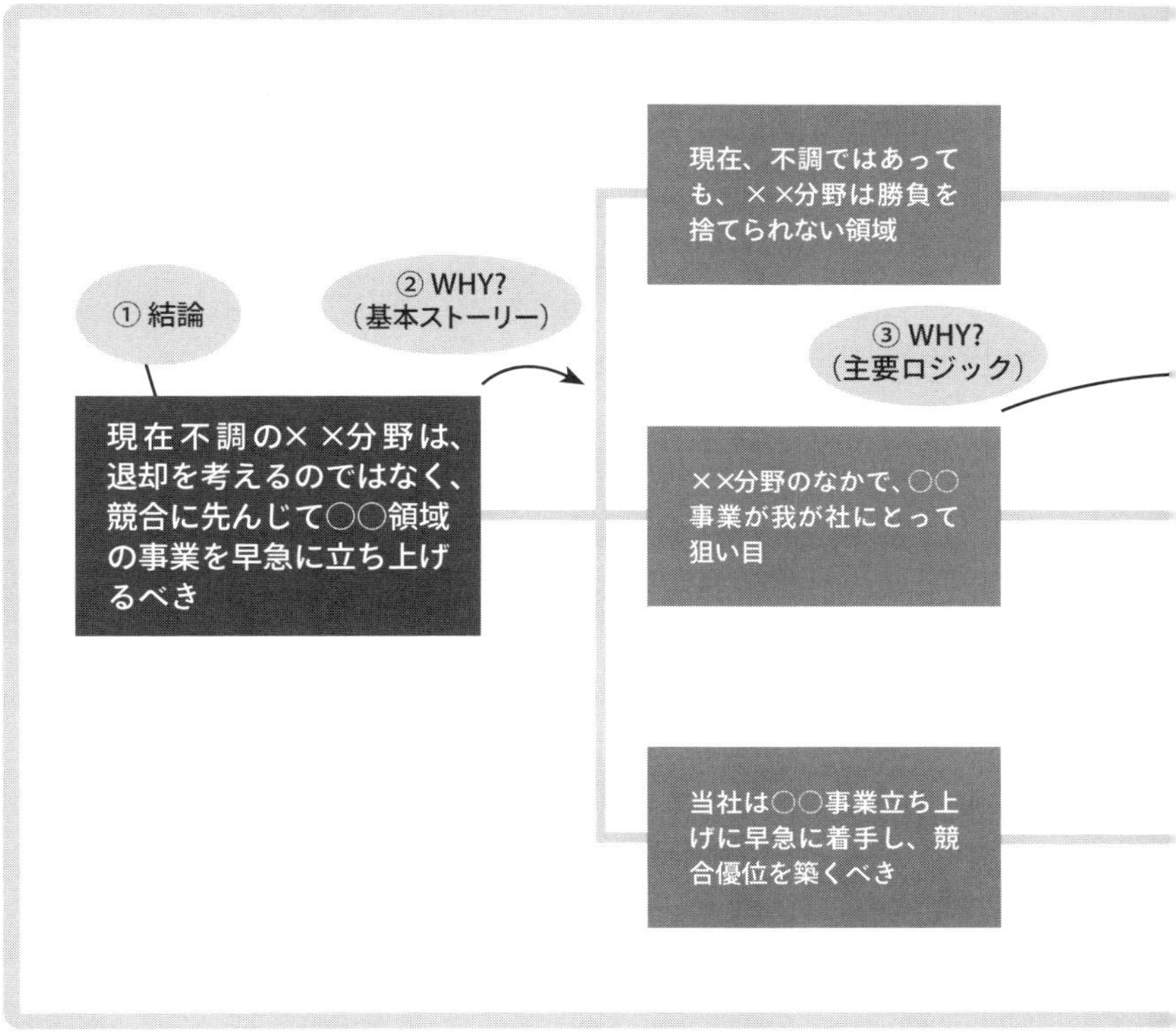

チャートを磨き込む

優れたチャートと磨き込みのコツ

ストーリーラインを磨き込んだら、次は個々のチャート（図表・グラフ）を精査していく。

優れたチャートとはどんなものだろう？　チャートの基本的な構造について復習しておこう。チャートは図3のように、「メッセージ・タイトル・サポート」という3つの要素からできている。いちばん下には必ず情報源を書く。

これを描くために多くの人が日々四苦八苦しているが、本当に気の毒なのは「意味のわからないチャートを見せられて四苦八苦している聞き手や読み手の人」だ。このような人を出さないようにきちんとチャートを磨き、メッセージを明確にする。僕はこれまでの経験から、優れたチャートが満たすべき条件というのは以下の3つに収斂《しゅうれん》すると考えている。

図3　チャートの基本的な構造

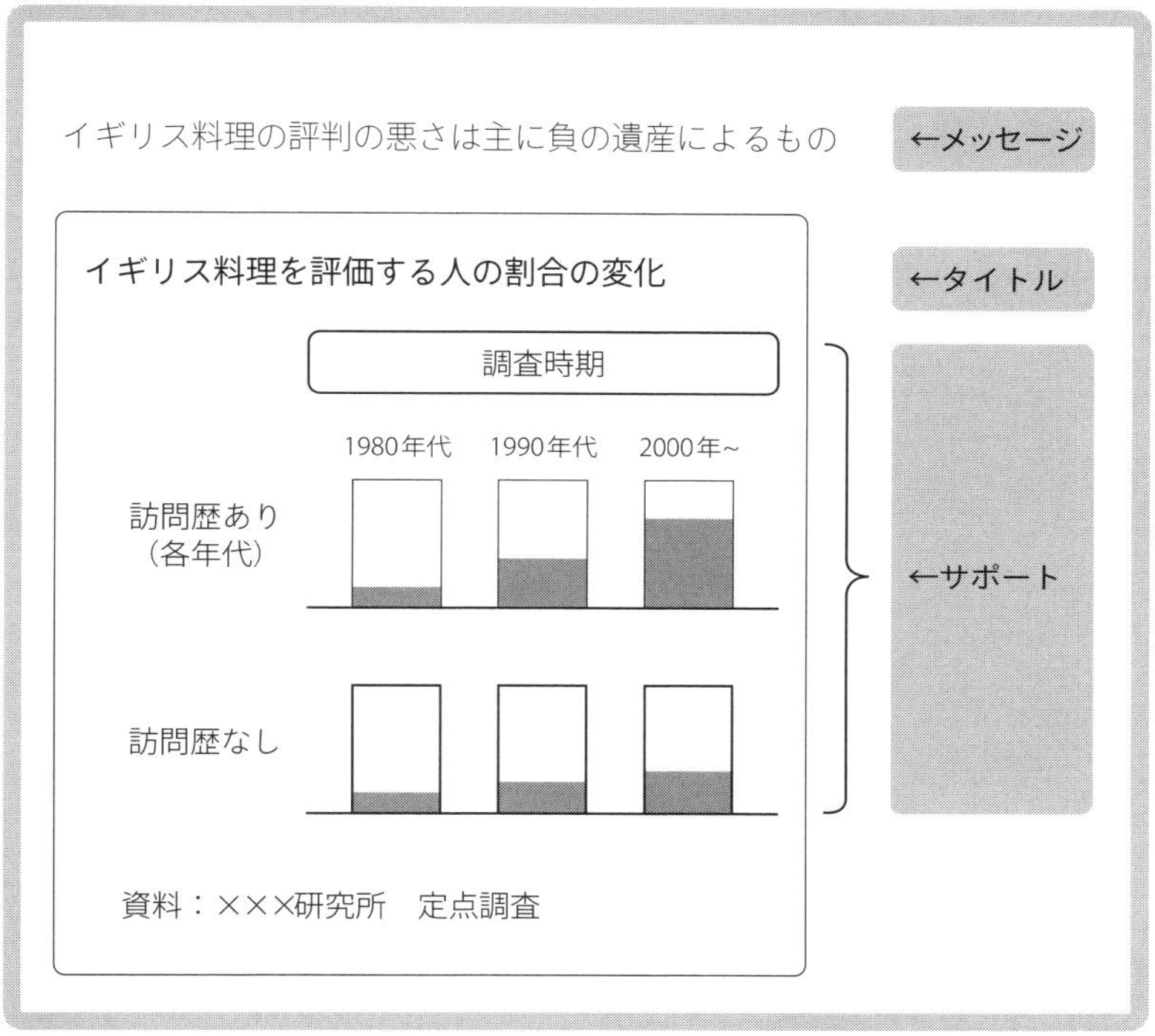

1　イシューに沿ったメッセージがある

2　（サポート部分の）タテとヨコの広がりに意味がある

3　サポートがメッセージを支えている

「何だ、これだけか」と言われるかもしれないが、この3つの条件がひとつでも外れると致命的だ（図4）。

「イシューに沿ったメッセージがある」というのは読んだまま、そのチャートがイシューに即している、という当然のことの確認だ。「面白いデータだから」といったメッセージのはっきりしないチャートは必要ない。ここまで読まれた人であればこの条件の大切さはすぐにわかってもらえる

図4　優れたチャートの3条件

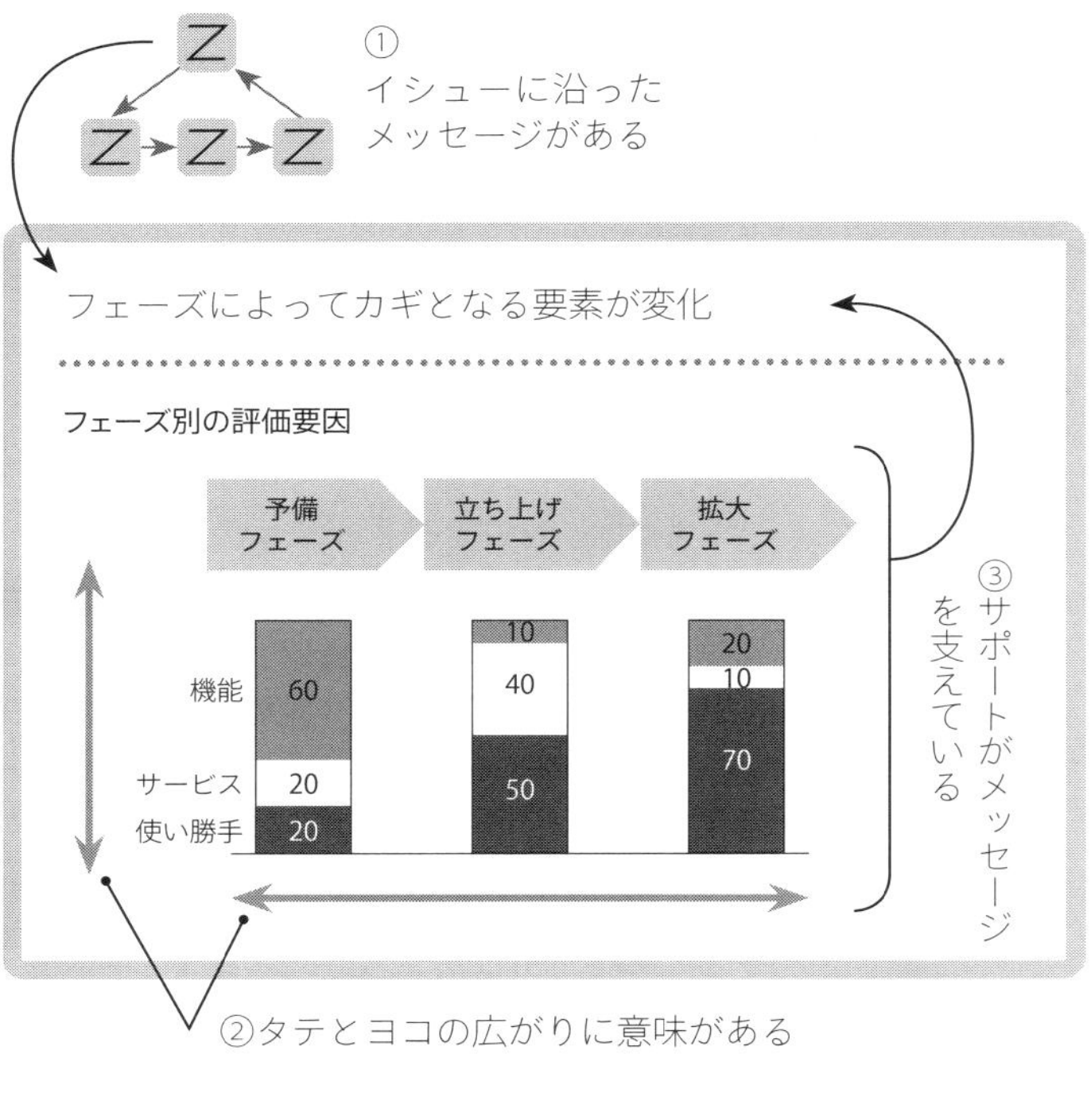

だろう。

「（サポート部分の）タテとヨコの広がりに意味がある」というのはちょっとわかりにくいかもしれない。だが、これもこの本でずっと述べていたことの重要なエッセンスである「分析は比較」という表現そのものだ。メッセージを力強く、分析的に支えようとするのであれば、チャートの「タテ」「ヨコ」のそれぞれの軸の広がりに明確な意味がなければならない。

「サポートがメッセージを支えている」というのも自明ではあるが、大切な確認事項だ。言えるはずのないことを言わず、言わんとするメッセージに即した適切なサポートを用意する。これは、自分の論理的思考力の問題でもあり、倫理性の問題でもある。

厳重な査読を受ける学術論文であれば、論拠の怪しいデータ・チャートははじかれるだろうが、そうでない状況であれば、そうしたチャートが入り込んでくる余地はいくらでもある。ビジネスであればこうした「自分に都合のよいチャート」をつくったことがない、と断言できる人のほうが稀だろう。僕が見ているチームでもこのワナにはまったチャートは頻繁に現れるし、かなり注意していないと見落としそうになることがある。自分の身の回りに溢れる「チャート（図表）と呼ばれるもの」を見渡してみると、この3つを満たしているものは実に少ないことに気づくと思う。

これらの条件を踏まえるだけでチャートは見違えるほど力強く、わかりやすいものになる。
チャートを磨き込むためには、「優れたチャートの3条件」に対応した次の3つの作業を行う。

1　1チャート・1メッセージを徹底する
2　タテとヨコの比較軸を磨く
3　メッセージと分析表現を揃える

それぞれについて、もう少し詳しく見ていこう。

コツ①　1チャート・1メッセージを徹底する

チャートの磨き込みで最初に行うのが、イシューに沿った明確なメッセージがあることの確認だ。プレゼンでよく見る、大きなフォントで書かれた「最近の動き」とか「業界の動向」といった主語も動詞も不明なタイトルはメッセージにも何にもなっていない。「このチャートで何を言いたいのか」ということをしっかり言葉に落とす。

この仕上げの段階まで来ると、「何を言うか」とともに「何を言わないか」も大切になってくる。ここは、世界のデザイン界にミニマリズムをもたらした日本的美意識が生きるところでもある。浮世絵や枯山水の庭と同様、焦点を絞り、本筋に関係のないところは大胆に削り捨てる。枝葉の小さな論点が太い論点を濁らせることは避けたい。

そして、それぞれのチャートが本当にひとつのメッセージしか含んでいないこと、さらに、それが正しくサブイシューにつながっていることを確認する。2つ以上のことを言いたいなら2つのチャートに分断する。中身のあるはずのチャートがぱっと目で理解できないときには、メッセージが混在している場合が多い。ひとつのメッセージであれば強調する場所も比較のポイントも明確だが、2つ以上のメッセージを突っ込んだとたんにわけがわからなくなるのだ。「1チャート・1メッセージ」を徹底するだけで、1つひとつのチャートが劇的にシンプルになる。

人がチャートを見て「わかる」「意味がある」と判断するまでの時間は、経験的に長くて15秒、多くの場合は10秒程度だ。僕はこれを「15秒ルール」と呼んでいるが、人はこの程度の時間で「その資料をきちんと見るかどうか」を判断している。つまり「最初のつかみ」が悪ければ、そのチャートは存在しなかったことと同じになってしまうのだ。

大きなプロジェクトの場合、まとめたものの価値を判断する人は、経営者であれ論文の審査者であれ、おおむねとても忙しく、自分に自信をもつ人たちだ。数枚続けて「このチャートには意味がない」と判断すれば、すぐに彼らの心の窓は閉じてしまう。目線が下に落ち、目の輝きが失われる。ゲームセットだ。

個別のチャートにおいても、周りの人に説明してみて、少しでも「これは説明しづらい、あるいはこれは伝わりにくい」と思ったら見直しを考える。繰り返しになるが、ここで最初に考えるべきは「1チャート・1メッセージ」の法則を守っているか、ということだ。

僕が米国での研究時代にお世話になったある教授に言われ、今も大切な教えにしている言葉がある。

「どんな説明もこれ以上できないほど簡単にしろ。それでも人はわからないと言うものだ。そして自分が理解できなければ、それをつくった人間のことをバカだと思うものだ。人は決して自分の頭が悪いなんて思わない」

コツ② タテとヨコの比較軸を磨く

「1チャート・1メッセージ」を徹底したら、次にするべきはタテとヨコの比較軸を磨くことだ。優れたチャートは明確なイシュー、サブイシューを取り上げているだけでなく、その答えを出すために明確な比較ができている。つまりタテとヨコの広がりにイシューの検証につながる明解な意味がある。人がチャートを見て、最初に目が行くのはメッセージと全体のパターン、次がそのパターンを読み解くためのタテヨコの軸だ。正しいイシュー・サブイシューについて取り組んでいたとしても、分析における軸が適切に選ばれていなければその分析自体が死んでしまう。

僕のこれまでの経験では世の中に生み出されるチャートの少なくとも半分は、この「軸」に問題があると思っている。そうならないためには何をすればいいのだろうか。

▼軸の選択をフェアにする

たとえば、中古カメラを買おうとしているとき、「キズもなくて値ごろ」と評価されているカメラが実は電子系に異常がある、というのであれば、誰しもが「詐欺だ」と怒るだろう。だが、これと近いレベルで自分に都合のよい軸だけを選び、結果として説得力を失っているチャートは多い。メッセージを伝達するためには、必要な比較軸をすべて並べることが大切だ。

たとえば、事業オプションについての比較において、成功したときの効果や機会だけをみてリスクや実際の取り組みのボトルネックの検討がないなど、軸の選択が恣意的で正しい比較ができないチャートがあると、発表自体の信用性が地に落ちる。このようなことは絶対に避けたい。

▼**軸の順序に意味をもたせる**

軸をフェアに選んだあとは、軸の順序にも意味をもたせなければならない。単にアルファベット順に並べていたものを「大きいものから小さいものへ」「プロセスが発生する順に」などの意味の視点で並べ直すだけで見違えるほどわかりやすくなる。特に、数値の入らない定性分析のチャートではこれは重要な部分だ。このあたりの仕上げを見ればプロとしてのレベルがわかる（図5）。

▼**軸を統合・合成する**

次に気をつけたいのは、「重なり合っているはずの条件」を比較している場合だ。そのような場合には、本当の意味での条件

図5　軸の順序に意味をもたせる

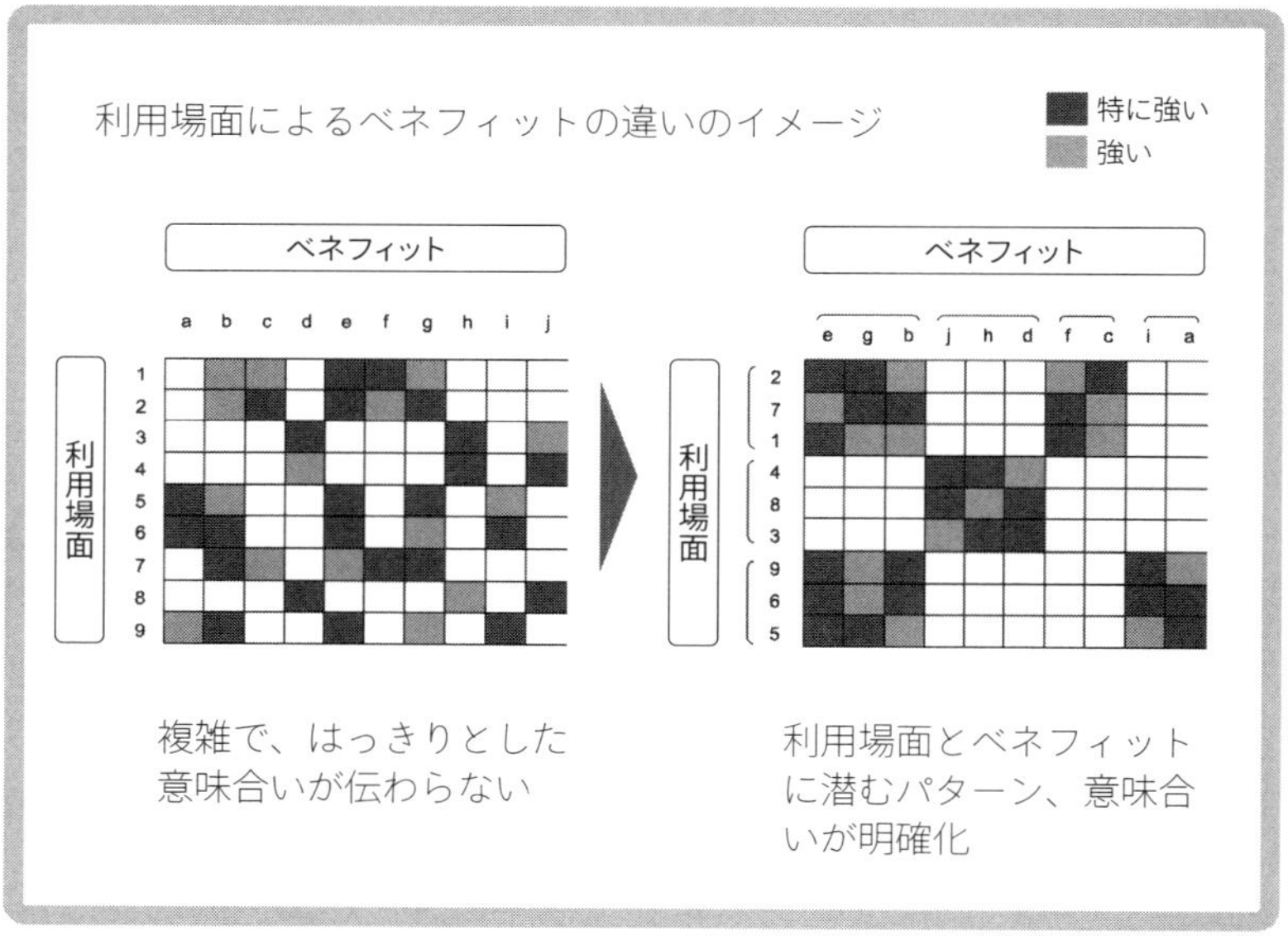

が何種類あるのかを整理して、「ダブりもモレもなく」比較の条件を整理する。軸を統合・合成して共通の軸をつくり、それを重ね合わせることで、絡まりあった世界がシンプルに比較できる世界になる（図6）。

▼軸の切り口を見直す

分析結果が明確なメッセージにつながらない場合、情報の切り口にノイズが含まれていることが多い。何らかの条件に心当たりがあるときはそれを掛け合わせることで軸をすっきりさせることができる場合がある（図7、次頁）。

それでもうまくいかないときは軸の基本単位を見直すことも場合によっては必要だ。たとえば、スポーツ飲料の市場を抽出

図6　軸を統合・合成する

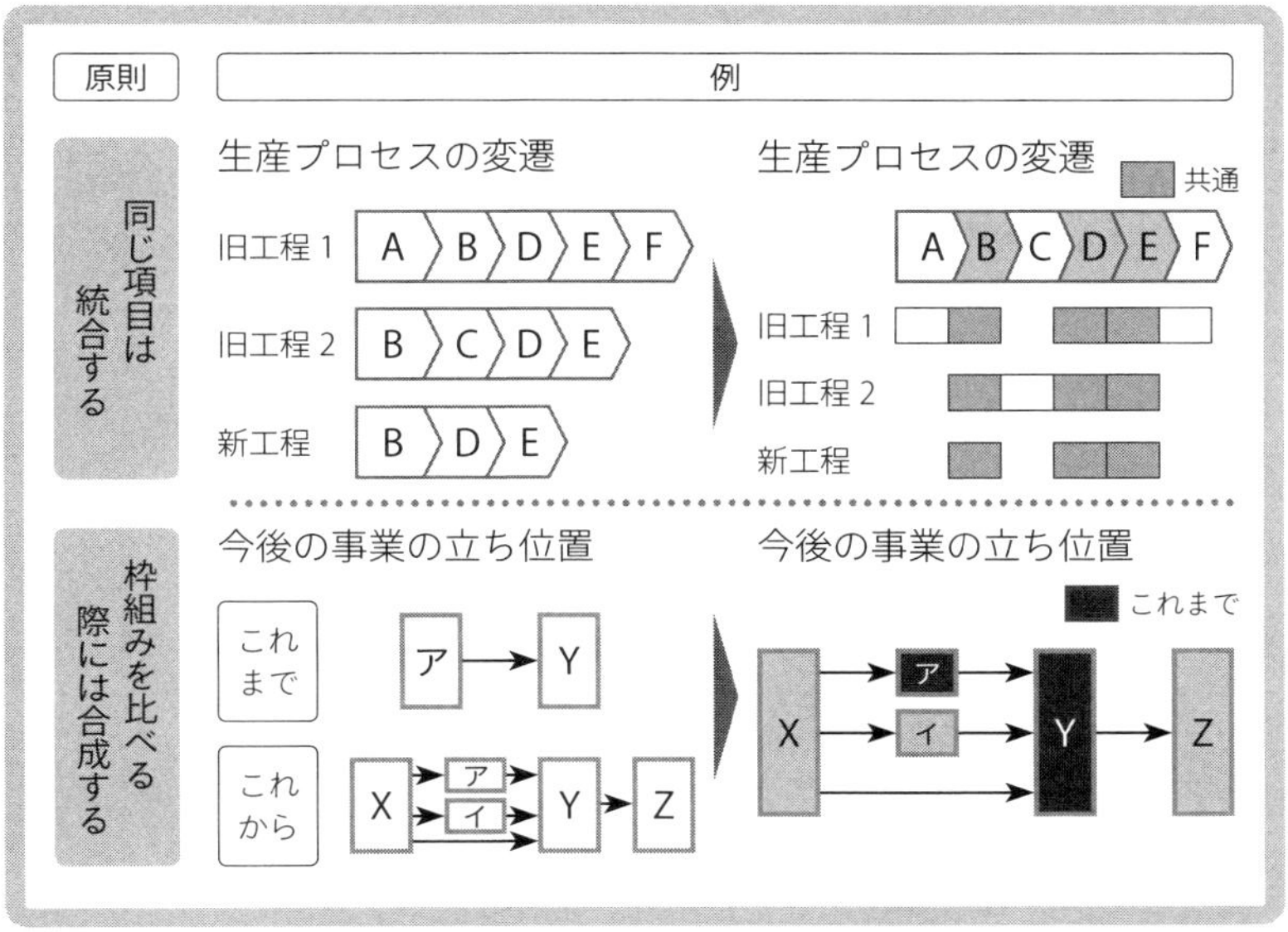

しようとして「人の属性」を軸にすると、「運動をよくする人」「若い女性」に消費が偏っているが、意外に「中高年」にも消費が多い、ということがわかったとする。いちばん多い層に属性を絞り込むと市場の3分の1もカバーできず、人を納得させるだけの比較の差分が見つからない、という状況だ。

このような事態に陥る最大の理由は「軸の切り方が甘い」ためだ。冷静に考えると「常に同じ飲料だけ飲む人」などいないだろう。寝起きと仕事中と勉強中は違うものを飲むだろうし、パンを食べるときとおにぎりを食べるときでも違うはずだ。とすると、軸を「人の属性」で切っている限り、このようなあいまいな結果は続くことが

図7　軸の切り口を見直す（1）：軸の掛け合わせ

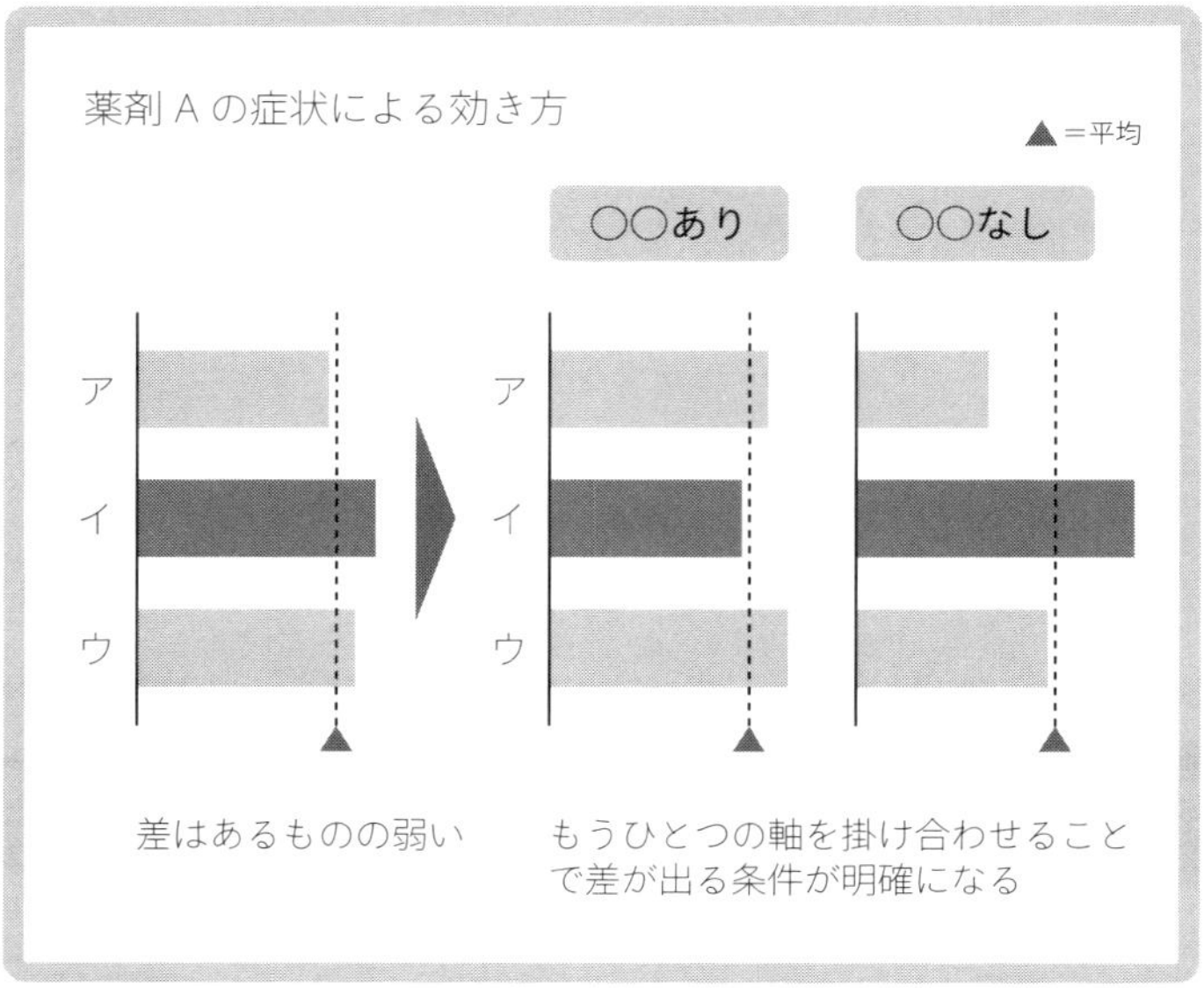

予想できる。この場合、スポーツ飲料を飲む「場面」を軸の基本単位として分析することで、市場をきれいに抽出することができる（図8）。

これは、僕がコンサルティングの仕事をはじめた頃に手がけた「場面（オケージョン）＝利便（ベネフィット）」の視点での市場の切り分けの応用だが、実際、この手法は非常に強力で、さまざまな分野でいくつものヒット商品を生み出した。このように軸の切り口を思い切って見直すことで、分析がすっきりして、意味合いがはっきりするケースは多い。先の例のようにデータの「濁り」がどこからきているのかを考えることがファーストステップになる。

図8　軸の切り口を見直す（2）：基本単位の見直し

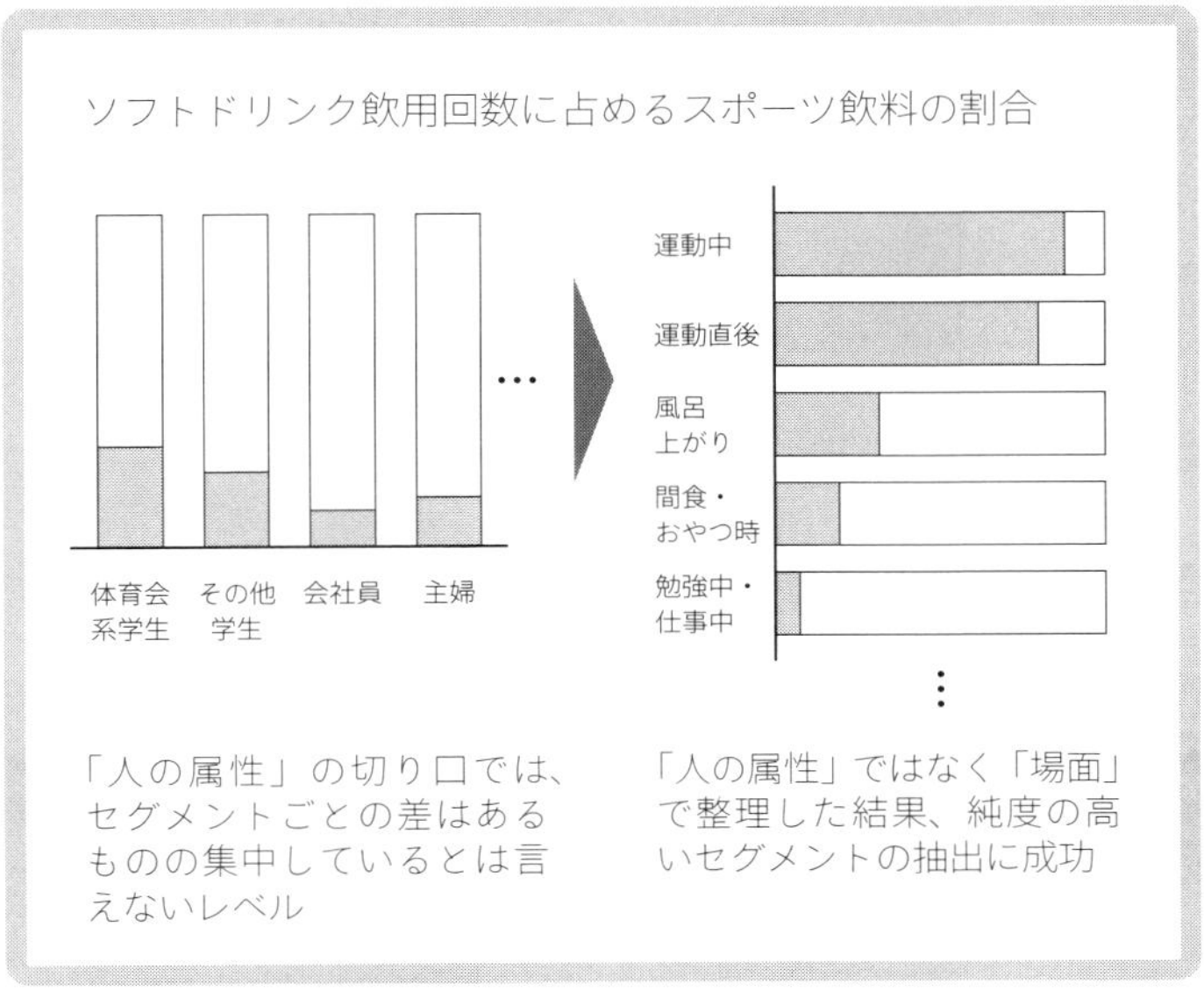
ソフトドリンク飲用回数に占めるスポーツ飲料の割合
体育会系学生
その他学生
会社員
主婦
運動中
運動直後
風呂上がり
間食・おやつ時
勉強中・仕事中
「人の属性」の切り口では、セグメントごとの差はあるものの集中しているとは言えないレベル
「人の属性」ではなく「場面」で整理した結果、純度の高いセグメントの抽出に成功

カギとなる分析の軸を見直すというのは、実際には第2章（ストーリーラインづくり）あるいは第3章（絵コンテづくり）での作業だが、実際、分析結果を踏まえないとわからないことも多少はある。その場合は、第4章（アウトプットづくり）の回転率を上げる場面、もしくはこの最後の仕上げの段階で拾い上げる。イシューの見極め、イシュー分析、仮説検証のすべてのサイクルを素早く回すことが大切なのは、ここにもひとつの理由がある。

コツ③　メッセージと分析表現を揃える

「1チャート・1メッセージ」を徹底し、タテとヨコの比較軸を磨いたら、チャートの磨き込みも仕上げに入る。最後はメッセージに即した「分析表現」を磨き込んでいく。この分析（サポート）で本当にこのメッセージが明確に検証できるのかをチェックする。

ここでは、表現の面から差分が十分に出るように手直しを試みる。第3章でみたように、同じ「構成」のチャートであっても、多数の表現方法が存在する。本当に今の表現が適切か、もっとも理解しやすいかたちを目指してさまざまな表現方法を試す。

たとえば、当初は「差分の実数」によって表現するつもりでも、差が既に数倍というレベルで起こっているのであれば「基になる数の何倍」という表現にしたほうがわかりやすくなる（図9）。

「軸の刻み」を見直すことでメッセージが明確になる場合もある。たとえば、ある商品の利用客数と売上の相関関係を見ると、多くの場合は「80対20ルール」（売上の8割は全顧客の2割に依存している）が成り立つが、これも常にそうだとは限らない。思い込みをせず「本当の刻みはどのあたりにあるのか」について直接データを見ながら確認する。

僕の経験でも、実際に調べてみると「わずか

図9　比較表現の２パターン

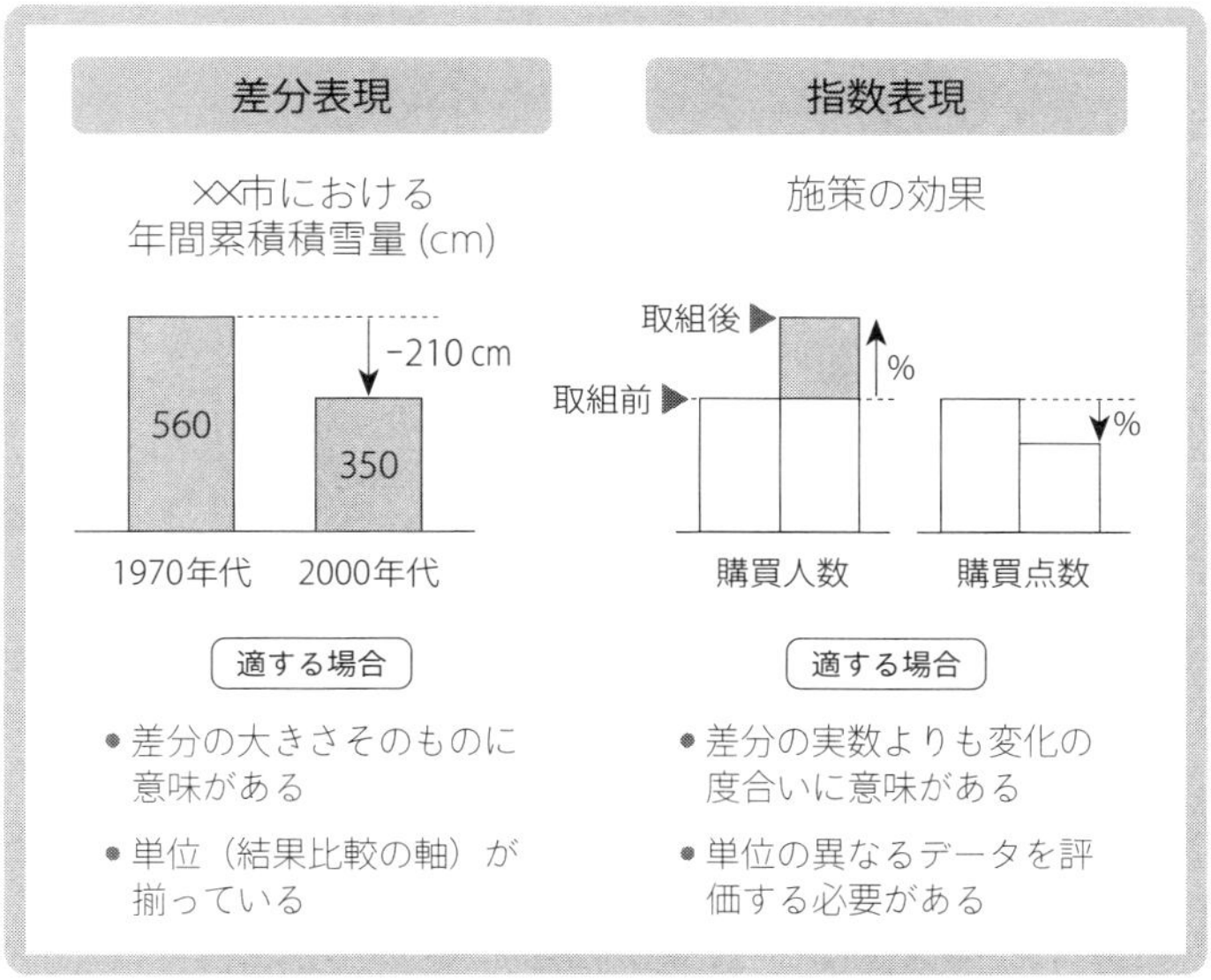

1、2%のユーザーで売上の8割を占めている」という市場もあった。このような場合、強調箇所に少し手を入れることで分析の印象や与えるインパクトは大きく変わってくる（図10）。

仮説をもち、絵コンテづくりをした上で分析・検証すると、その結果は想定とは完全には一致しない。それがふつうだ。その微妙なズレ自体が貴重な情報となる。イシューに沿ったかたちでメッセージを明確にしながら、そうした情報を加えて分析表現を磨き込んでいく。その結果、単なるデータの集積ではなく、本当に何かを伝えるためのチャートが生まれる。

図10 軸の刻みを見直す

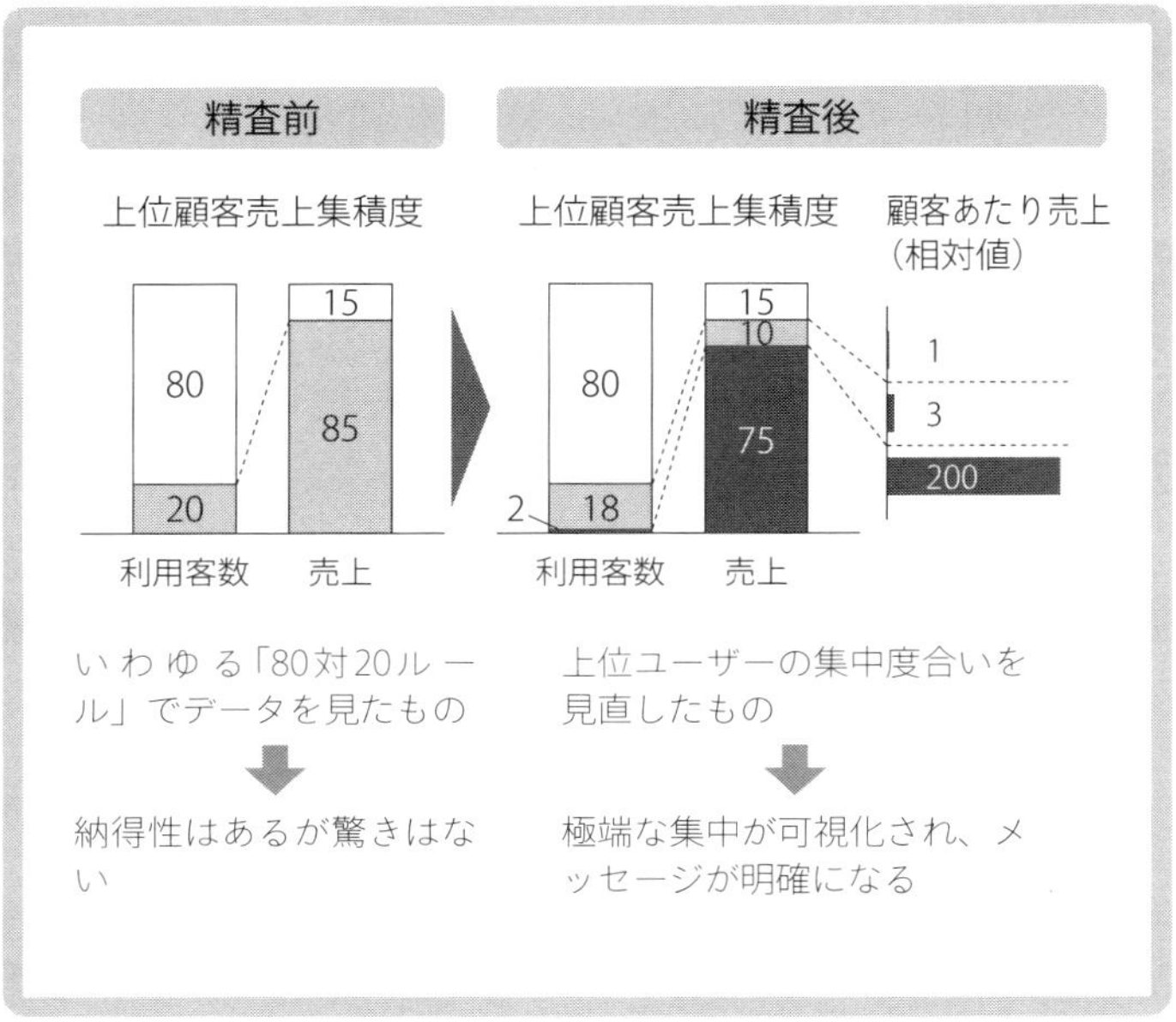

＊＊＊

ここまでできればメッセージドリブンのステップも終了だ。もう一度、誰かを前にしてプレゼンしてみよう。ここで問題がなければ作業は終了だ。

column

「コンプリートワーク」をしよう

僕は現在、大手ＩＴ企業でさまざまな経営課題に携わる仕事に就いている。僕自身が直接問題解決に携わることもあれば、メンバーの課題や悩みを聞き、ポイントを整理することもある。

「これまでの科学者・コンサルタントという経験は今の仕事にどう役立っていますか?」と聞かれることも多い。そのひとつが、この本で一貫してお伝えしてきた「イシューからはじめる」思想であり、それにまつわる行動様式、結果としての問題解決力だ。そしてもうひとつが「結果を生み出す」ことに対するコミットメントの強さだと思っている。

コンサルタントは高いフィーをもらう代わりに確実に変化を生み出し、クライアントに喜んでもらうのが仕事だ。科学者も限られた時間のなかできっちりと成果を生み出すのが仕事という点は変わらない。いずれも結果に対する強い自己ドライブがないと仕事を楽しめない。報酬は年棒だけで「時間外労働」という概念の一切ない世界においては、こうした考え方をしていないと最悪の場合、奴隷のような生活になってしまう。

僕を育ててくれた母体のひとつであるマッキンゼーにある教えというか、教義というか、はたまた信念というべきなのか、表現し難い「憲法レベル」とされる言葉にこんなものがある。

「コンプリート・スタッフ・ワーク（Complete Staff Work）」

これは「自分がスタッフとして受けた仕事を完遂せよ。いかなるときにも」という意味だ。この「コンプリートワーク」という言葉はプロフェッショナルとして仕事をする際には、常に激しく自分にのしかかってくる。

プロフェッショナルの世界では「努力」は一切評価されない。確かに手の込んだ仕事をすれば多少の感銘はしてもらえるかもしれないが、それもあくまできっちりとした結果が生み出されてのことだ。常に最初に来るのは結果であり、努力はその評価の補助手段であり「芸の細かさ」をアピールするものに過ぎない。たったひとつの分析でも、そのとき取り扱っているひとつのイシュー・サブイシューに答えが出なければ、どれほどそこに時間とお金をかけても何の意味もない。いや、むしろ自社やクライアントに貴重な時間とお金をムダにさせたという意味では、大変な罪悪だ。

すべての仕事は結果がすべてであり、この結果があるレベルの価値に到達しないと、その仕事はいかなる価値ももたず、多くの場合マイナスになる。この厳しさを骨の髄まで叩き込んでくれたという意味で、マッキンゼーには本当に感謝している。

「コンプリートワーク」をするためには命を削るような思いをするだろうが、命を削ることそれ自体には何の意味もない。その酷薄なまでの真実が、僕らを時間から解放し、本当の意味で自由にしてくれる。

「人から褒められること」ではなく、「生み出した結果」そのものが自分を支え、励ましてくれる。生み出したものの結果によって確かに変化が起き、喜んでくれる人がいることがいちばんの報酬になる。仕事がうまく進んだとき、僕が感じるのは「うれしい」というよりも「ほっとした」というものだ。自分の会社やクライアントに約束した価値を無事届けた、このこと自体が何とも言えない達成感を生む。

この価値を生み出す根っこにあるのが、「イシューからはじめる」という思想であり、脱「犬の道」という考え方だ。これをしっかりともつだけで僕らの生活は格段にラクになる。そして毎日が格段に充実したものになり、一日一日で生み出す価値は遥かに大きなものになっていく。

このことを最後に共有できたら、と思う。

column

おわりに

「毎日の小さな成功」からはじめよう

事業会社に移った今も、担当するプロジェクトメンバーや新しく自分の部門に所属になった人たちに、本書で紹介した内容を直接教える機会がある。

今、僕が伝える相手は本当にいろいろなバックグラウンドと経験値をもった人たちだ。自社の現状に即した実践的な例題を一緒に解いてもらいながら、この本で紹介した考え方を伝える。研修の終了後にはこんな感想をもらうことが多い。

「これまで〈与えられた問題にどう対処するのか〉と考えていたが、まず〈本当の問題の見極めから入らなければダメなんだ〉ということがよくわかった」

「これまで、果てしなく調べた結果、何がなんだかわからなくなることが多かったが、その原因が〈集め過ぎ〉だったことがわかった」

「これまでは〈犬の道〉でやっていたことに気づいた。仕事に取り組む気持ちが大きく変わりそうだ」

「単なる問題はイシューではなく、〈白黒つけなければならないことがイシュー〉だと聞いてハッとした」

その一方で、

「イシューが大切なことはわかったが、どうやって自分の見ているものがイシューかそうでないのかがわかるのか、今ひとつ腑に落ちない」

「内容はそのとおりだとは思うが、腹に落ちた、真に理解した、という感覚になれない」

という感想もある。そう言う人には、僕は次のように伝えている。

「僕は今、自分にできる限りの深いレベルまで、知的生産におけるシンプルな本質を伝えた。あとは、あなたが自分で経験する以外の方法はないはずだ」と。


結局のところ、食べたことのないものの味はいくら本を読み、映像を見てもわからない。自転車に乗ったことのない人に乗ったときの感覚はわからない。恋をしたことのない人に恋する気持ちはわからない。イシューの探究もこれらと同じだ。

「何らかの問題を本当に解決しなければならない」という局面で、論理だけでなく、それまでの背景や状況も踏まえ、「見極めるべきは何か」「ケリをつけるべきは何か」を自分の目と耳と頭を頼りにして、自力で、あるいはチームで見つけていく。この経験を1つひとつ繰り返し、身につけていく以外の方法はないのだ。

検討したものが本当にイシューであれば、科学であれビジネスであれ、確実に新しい判断が行われ、それに基づいて次の課題に進む、あるいは明確な変化が起こる。それは次のステップに進むことかもしれないし、見えていなかった新たなイシューが顕在化することかもしれない。「あいまいさが消えてグッと視界が開けた」と周りの人から感謝されることもあるだろう。こうなると明らかに自分は意味のあるイシューをつかんだ、ということがわかる。毎日の仕事・研究のなかで「この作業って本当に意味があるのか?」と思ったら立ち止まってみよう。そして、「それは本当にイシューなのか?」と問いかけることからはじめよう。

僕自身、振り返ってみても、まさにこういう日々の活動のなかで、少しずつイシューに対する感覚を磨いてきた。コンサルタントとして仕事をはじめた頃、「それって、本当にイシューなんですか?」と尋ねて、チームの責任者から「それは、とてもいい質問だね!」と言われたときの喜びは今でもよく覚えている。読者の皆さんも毎日のなかで小さな疑問をもち、小さな成功を積むことからはじめてほしい。

「経験しないとわからない」と書くと「じゃあ、この本は何のためにあるのか?」と言われそうだが、この国では論理思考や問題解決において、新しいツールの紹介のようなものばかりが行われ、本質的な知的生産についての議論が足りないように思う。この本が共通の議論のベースと実践の手がかりとなればと願っている。

特に周りが「死ぬまで働け!」といった「犬の道」信者ばかりで、信頼できる相談相手がいない人は、疲弊して倒れてしまう前にこの本をヒントにして「考えて」ほしい。「悩む」のではなく、「考える」ときに使ってもらい、大きくても小さくても、ひとつのまとまったプロジェクトを乗り切ったときにもう一度立ち返って目を通していただければまた違った発見があると思う。

この本で紹介した考えが、少しでも、皆さんの生活を質的に改善し、1人でも多くの方が「犬の道」から脱することにつながれば、これほどうれしいことはない。

最後に、この本を手にとっていただいたことに感謝します。そして、ここまで読んでくださったことに対し、改めて、本当にありがとう。

2010年10月　目黒区 東山の自宅にて　kaz-atakaこと　安宅和人

謝辞

まず、この本のきっかけになったブログを書くことを私に強く勧めてくださったマッキンゼーの先輩、石倉洋子さん（一橋大学大学院教授）、そして、そのブログを見て、この本を書くことを提案し、ここまで辛抱強くお付き合いいただき、まとめあげてくださった編集者の杉崎真名さんに心から感謝したい。

マッキンゼーの元同僚で、現在ニューヨークにて弁護士活動を行っている藤森涼恵さんには、多くの原稿に目を通していただき、数多くの得難いアドバイスを得た。本当に感謝している。

また、この本は、これまで私を育ててくれた数多くの方の存在なしにはあり得なかった。研究室、職場における先輩、チームメンバー、後輩たち。何より、日々の仕事で私を鍛え上げてくださった数多くのクライアントの方々。この本の一節一節に皆さんとの会話が反映されている。

なかでも東京大学応用微生物研究所（現・分子細胞生物学研究所）において、サイエンスの何たるかを一から教えていただいた大石道夫・山根徹男の両先生、マッキンゼーにおける恩師である、大石佳能子、大洞達夫、田中良直、宇田左近、上山信一、山梨広一、横山禎徳、平野正雄、門永宗之介、名和高司、澤田泰志の各氏、イェールにおける恩師であるラリー・コーエン、トム・ヒューズ、フレッド・シグウォース、ジム・ハウ、ヴィンセント・ピエリボーンの各氏にはとりわけ感謝している。

また、ヤフー株式会社の井上雅博社長、喜多埜裕明ＣＯＯ、藤根淳一統括本部長の温かい理解なしには本書の執筆・発行はあり得なかった。事業会社の一員でありながら、このように本を世に出すことができたことにとても感謝している。

最後に、限られた週末の時間までを犠牲にしていながら、ここまで執筆を理解し、応援しつづけてきてくれた、我が最愛の妻と娘に心から感謝したい。

なぜ今『イシューからはじめよ』なのか

「50万部記念限定付録」収録

この本は、知的生産の現場において空気、常識、権威で判断することや、努力すればなんとかなるという根性論を終わらせ、本当に向き合うべき課題に取り組む人が増えることを期待して書いた。

発売から12年が経ち、日本という国は、イシューからはじまる社会に近づいているのだろうか。残念ながら、手応えは今ひとつだ。

新型コロナウイルス感染症対策では、全国民の80％を超えるワクチン接種[1]により、集団免疫を獲得したといっても過言ではない状態にあり、またインフルエンザよりも低い

1 ワクチン2回接種済：80.4％（2022年11月30日時点）
首相官邸ホームページ「新型コロナワクチンについて」
https://www.kantei.go.jp/jp/headline/kansensho/vaccine.html

重症率[2]となったことが確認できている。しかし、いま日本中で見られるのは多くの人が屋外でもマスクをつけている光景だ。いったい何のためのマスクなのだろうか？　マスクをつける理由も外す理由も見失ってしまっている。

周囲の目や空気、権威者の意見や常識、そして根拠のない希望的観測ではなく、ファクトと論理をもとに考え意味を引き出す。これがイシュードリブンな社会の基盤であり、臭いものに蓋をする、長いものに巻かれる、とはまったく逆の発想だ。しかし、東京五輪やコロナ感染症対策の場面で多く見られたのは、権威者の意見や、空気を演出するだけの実数に乗り、右往左往する姿だったように感じる。

イシューという言葉自体はずいぶん浸透したが、日本社会で行われているのは、今もなおイシュードリブンではなく空気ドリブンだ。山本七平氏が『「空気」の研究』（文藝春秋）を書いて45年が経つが、

2　新型コロナウイルス重症率：0.019%（≒1/5260）
東京都（人口約1,404万人）における1日あたりの新規感染者数：11,047人、新規重症患者数：2.1人
※数値は2022年11月30日、いずれも7日間移動平均値

インフルエンザ重症率：0.08%（≒1/1280）
東京都ホームページ（第107回）東京都新型コロナウイルス感染症モニタリング会議資料（令和4年12月1日）
https://www.bousai.metro.tokyo.lg.jp/_res/projects/default_project/_page_/001/022/682/20221201_05.pdf

第74回（令和4年3月2日）厚生労働省新型コロナウイルス感染症対策アドバイザリーボード資料「日本の医療データベースから算出された季節性インフルエンザの重症化率」
https://www.mhlw.go.jp/content/10900000/000906106.pdf

この国はファクトや論理に基づいて未来をつくることよりも、ただただ空気を読むことを重んじている。

ひとつ断っておくと、僕は「空気を読む力」を否定しているわけではない。自分の限られた経験でも、場を読み切って適切に差し込む日本人特有の力は実にパワフルだ。だが、ファクトと論理がなく、空気だけで判断するコストは高い。重要なのは、空気はあくまでファクトと論理の上にあるべきだということだ。

しかし現実には、この国ではファクトや論理よりも空気のほうが重い。事実に基づく深く構造的な議論を避けがちな傾向、根拠なくどこか都合よい結果を期待してしまう思考、権威主義で言われたことや目先に来たものを無目的に実施してしまいがちな習慣などが色濃く残っている。

イシューからはじめる第一歩は「共通認識」

では、イシュードリブンな社会に移行するには何が必要なのか。

かつて電気や化学が登場し今や当たり前になったように、データやＡＩがない世界に戻ることはないだろう。価値観の刷新と新しい行動は避けられない。１人ひとりの行動変容が不可欠だ。その一助になればと思い、本書ではあまり詳しく触れていなかったことをお伝えしたい。それは「共通認識をつくること」、そして「現実を理解すること」の重要性だ。

何がイシューかを議論するためにはまず、「いま何が起きているのか」の共通認識化が前提になる。ここが揃っていない限り前に進むことはない。「これが何の問題なのか」を共通認識とすることこそが最初の一歩だ。そして、共通認識化には「現実を理解すること」が不可欠だ。

人は現実をフラットに理解しているようで、理解できていない。たとえば、地球温暖化について議論する際、抑制のために必要な取り組みの広がりはどのようなものかと問われて、すぐに答えられる人はそれほど多くないだろう。しかし、左頁の図のように課題の広がりを構造的に整理すれば、地表での温室効果ガス発生の抑制だけでなく、入り

温暖化抑制：課題の広がり

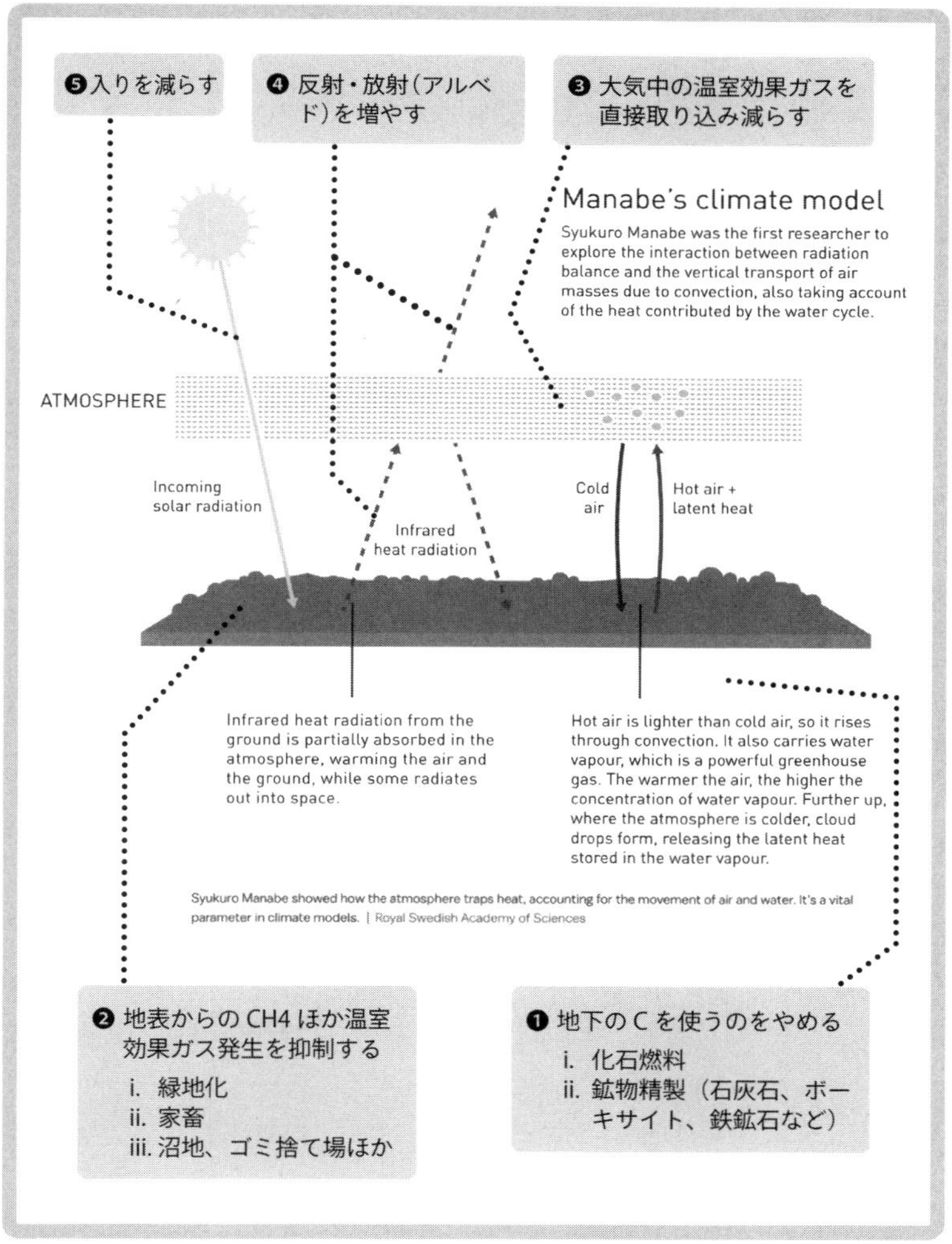

出典：安宅和人「真鍋モデルから考える」2021年10月17日
https://kaz-ataka.hatenablog.com/entry/2021/10/17/135952

Manabe's climate model - The Nobel Prize (by The Royal Swedish Academy of Sciences) 5 October 2021
https://www.nobelprize.org/prizes/physics/2021/press-release/

をどう減らすか、アルベド（太陽放射エネルギーの反射率）をどう上げるか、緑地化をどうすすめるかなど、大きなインパクトを生み出すための基本となる視点が共通認識化されるのではないだろうか。

だからこそ、相手が理解し議論できるようになるための基礎前提の共有と課題理解の枠組みづくりを僕は常に意識している。そして僕のチームではメンバーに対して「起こっている不連続的な状況を、とにかく生々しく、可能であれば構造的に伝えること」に注力してもらっている。本質的な変化が、煽りなく、いままさに起きていると一人ひとりが肌で感じる。そうすると、それを受けるマネジメント側でも自然に共通認識が醸成され、何がイシューかを議論することができるようになるからだ。逆に共通認識のない中、必要だと思うアクションから投げ込むと議論は収まりがつかなくなることが多い。

もうひとつ、「現実を理解する」ために意識しているのは、自ら現場に赴いて体験することだ。パソコンを使ってデータ収集することも大切だが、世のなかの大半は数値化もデータ化もされていない。ましてや美しい山や川に囲まれた自然の風景などは言語化すらされていない上、言語化し尽くすことも困難だろう。したがって、いま何が起きているかを現場で正しく見ることが不可欠だ。そして体験を重ねて事象を比較できるようになると、本質的な変化を生々しく理解し伝えることができる。

正しいイシューは、ＰＣやデータの中からいきなり浮かび上がってくるものではない。生の体験に基づく生々しい現実の理解が、ほぼすべてのケースでの出発点だ。

イシュードリブンな組織であるために

では、イシュードリブンな環境が広まっていくために組織人に求められることは何だろうか。マネジメント層の役割は、臭いものに蓋をしようとする動きを抑え、ファクトと論理に基づいた生々しい提案が各所から突き上げられうる文化を醸成することだ。

「誰が言ったか」ではなく、「何が事実として起こっていて、どういう理屈だから」を重視する。何が起きているのか、この事象はこういう意味なんじゃないかと議論できる組織のオープンさと健全さを担保する。これこそが、マネジメント層の真の役割なのではないだろうか。

未来に向けて仕掛けていく人に必要なことは、「ファクトと論理で考えを言う習慣をつけること」、そして先ほど述べた「共通認識の醸成に情熱を注ぐこと」だ。そのためには、日々現場と数字を見る訓練が必要だ。どんなものでも良い。実数だけでなく、比較できるようにベースを揃えて比較する。それを毎日やる。日々の現実の中にその機会はいくらでもある。

スタジオジブリの宮崎駿監督は電車に乗った際、隣に高校生が座って会話をしていると、時計を見て何秒で何文字の言葉を喋っているかを測っていたそうだ。1秒24コマという制作要件の中で、どう作ったらいいかを彼は現実の中で観察している。その生々しい現実把握があの異様な迫力の映画を生み出しているのだろう。

変化を生み出したいあなたへ

ここまで読んで、イシューに向かうことの難しさを改めて感じた人もいると思う。起こっている現象を赤裸々に伝えることは、非難や対立を生みかねない行為だ。場合によっては、上司が言っていることや世間一般で信じられていることに対して「それって本当はこうなのではないですか?」と反駁《はんばく》したり論破したりしかねない。

あるいは、真に知的生産を生まなければならない局面になり、もうどうしたらいいのかわからないという、泣きたくなる場面に陥ることがあるかもしれない。そういう時は、この本をまた開いてほしい。きっと、どこかの部分で気づきとヒントが得られることがあると思う。「この空気は間違っている」と感じたとき、自分がなにか差分を生み出したいと思う人にとって、きっと何かの助けになると信じている。

この本を1回読んですべて理解するのはかなり難しいかもしれない。書いてあることを本当に実感をもって理解するには、テキストの丸暗記ではなく、クルマの運転や恋愛と同じでどのひとつもあなたが自分で体験する以外の方法はない。体験することでちょっとずつわかるようになる。イシューからはじめられるようになるにはどんな人も時間がかかる。実際に体験することで、一行ずつ理解できる部分が広がる、そういう本だと思う。

読書でしか得られないもの

本書を手にとってくださった方に向けて、最後に読書についてお伝えしたいと思う。テキストから画像・映像、そしてマイクロ圧縮動画へとメディア形式のパラダイムシフトが急速に起きているなかで、読書の価値とは一体なにか。

読書は僕にとって生きることの一部だ。

現在も仏教、土、宇宙、芸術……関心のあるさまざまなテーマの本を、大量に、毎日読んでいる。これは学生時代から30年以上続いている習慣だ。

睡眠時間を削ってまで本を読む最大の理由は、自分が関心のあるテーマについて深く語り合える人は、ほとんどの場合、本の中にしかいないからだ。たとえば古代インドの風土や民族について考え抜かれた方の筆頭は既に鬼籍に入られた中村元氏だと思うが、著書『古代インド』（講談社）を読めば、日本最高の知性と対話することができる。しかも相手の時間にしばられることもない。これは、読書することでしか得られない唯一無二の価値だと思う。

景観論であれば樋口忠彦氏の『日本の景観』（筑摩書房）のように、その分野の泰斗が書いた原典は、文章の光がまったく違う。それらが放つ輝きを受け止め、思考を深める。すると、自分なりの考えが育っていく。現場で体験することと同様に、先達たちの本と向かい合うことで、ファクトと論理に基づいて生々しく考えるヒントが得られるはずだ。

本は全部読まなくてもいいと思う。
読んですぐ理解できるものでもないと思う。

折に触れて本を開いて、一行ずつ、少しずつわかるようになる。その喜びを噛みしめることこそが、読書の醍醐味なのではないだろうか。

２０２２年12月

改訂版あとがき

旧版の裏話と今回の改訂にあたって

『イシューからはじめよ』、通称イシュー本が出てから、かれこれ14年近くになる。おかげさまで多くの人に愛され、絶版になることもなくいまだ多くの書店に置いていただいていることを本当に有り難いと思う。

以前ブログに少し書いたが、この本は、〝はじめにイシューありき〟という長年思い入れのある言葉をタイトルとして書き上げた。が、こんな文語調のタイトルで、このように重い内容の本が読まれるとは思えないと強いフィードバックが出版社から入り、ギリギリになってこのようなタイトルに変わった。今となっては懐かしい裏話だ。

今回、3つ手を入れた。

1つは、So what?の繰り返しで本当に見極めるべきイシューを言語化していくというところの事例だ。イシューは立場によっても、コンテキストによっても、タイミングによっても変わる動く標的（moving target）であり、正直その場面にいない人にこれがイシューだと言ってもまったくわからないものだ。どうすれば多くの人にわかってもらえるかと考え、旧版では、最後に強引に「温暖化」について書き入れた。

「ある商品の売上不振」のような経営課題などだと書きやすいのだが、もともとコンサル以外の課題解決を行う人や研究者向けに書いた本だったこともあり[1]、どうしてもマネジメント的ではない事例にしたく、このようなテーマをやむを得ず選んだのだった。

ただ、時代性といえば時代性だが、2010年当時まだ両サイドの意見が存在していた温暖化はいまとなってはあまりにも明確な事象であり、2023年夏、地中海に

1　とはいえ、ビジネスパーソンにもわかるものにしてほしいと強く希望され、最後の最後に相当の事例を入れ替え、結構な数のページが実はボツになった。

浮かぶシチリア島は48度を記録し、今年東京は初めての40度を記録しようとしている。これでは読み手も困惑するだろうと、2020年にCovid-19がわれわれを襲ったときに実際に僕が考え、Withコロナなどさまざまな新しい言葉を生み出すに至った話の背景を差し替え事例として書いた。いまも必ずしもこの議論は終わっておらず、おそらく多くの人にわかってもらえるものなのではないかと期待している。

もうひとつは、課題解決における2つの型の話だ。このイシュー本は課題解決についての本ではまったくないにもかかわらず、[2]そのように読まれる人がどうも多いようなので、かつてハーバード・ビジネス・レビュー上で整理した話を書き入れた。課題解決をするにあたって、多くの人が現状と健常状態とのギャップを見極めようとし、どうこうというふうに考えるが、それでは解決できない課題群の存在と、そのアプローチの違いについてだ。前著『シン・ニホン』（NewsPicksパブリッシング）にも書いたとおり、量的には少数派とはいえ、AI×データ時代でも真に人が考えていくべき課題はむしろこちらだ。

最後は、そのような課題解決プロジェクトにおけるお題の設定の話だ。課題解決とい

2 そういう本であれば無数にある上、その目的であればこのようには書かない。

うのは何らかの意志がないと行う必要がなく、その意思を決めるコンテキストや課題の位置づけがはっきりしないと、実は見極めるべきイシューも設定できない。学術的な研究の場合、解決が必要なお題はある程度明確なことが多いが、世の中一般の課題の多くはそこから明確にしないと足場がぐらついて前には進められない。そのような状況に陥った人が何を見極めねばならないのか、そのようにぐらつかないためには最初に何を見極めるべきか、そこについて簡潔にまとめた。短いが相当に中身のあることを書き加えたつもりだ。

僕を育ててくださったさまざまな方々、長い間、本書を愛してくださった数多くの方々に心からの感謝を込めて。

2024年7月　品川区東五反田の自宅にて　安宅和人

安宅和人
Kazuto Ataka

1968 年富山県生まれ。東京大学大学院生物化学専攻にて修士号取得後、マッキンゼー・アンド・カンパニーに入社。4 年半の勤務後、イェール大学・脳神経科学プログラムに入学。平均 7 年弱かかるところ 3 年 9 カ月で学位取得（Ph.D.）。2001 年末、マッキンゼー復帰に伴い帰国。マーケティング研究グループのアジア太平洋地域における中心メンバーの 1 人として、飲料・小売り・ハイテクなど幅広い分野におけるブランド立て直し、商品・事業開発に関わる。また、東京事務所における新人教育のメンバーとして「問題解決」「分析」「チャートライティング」などのトレーニングを担当。

2008 年よりヤフー株式会社 COO 室長、2012 年より CSO（Chief Strategy Officer）を 10 年務め、2022 年より Z ホールディングス株式会社（現 LINE ヤフー株式会社）シニアストラテジスト（現 兼務）。2018 年より慶應義塾大学環境情報学部教授。データサイエンティスト協会理事・スキル定義委員長。一般社団法人残すに値する未来（風の谷を創る運動）発起人。科学技術及びデータ× AI に関する公的検討に多く携わる。

英治出版からのお知らせ

本書に関するご意見・ご感想を E-mail（editor@eijipress.co.jp）で受け付けています。また、英治出版ではメールマガジン、Web メディア、SNS で新刊情報や書籍に関する記事、イベント情報などを配信しております。ぜひ一度、アクセスしてみてください。

メールマガジン：会員登録はホームページにて
Web メディア「英治出版オンライン」：eijionline.com
X / Facebook / Instagram：eijipress

イシューからはじめよ［改訂版］

知的生産の「シンプルな本質」

発行日　2024 年 9 月 30 日　第 1 版　第 1 刷
　　　　2025 年 5 月 10 日　第 1 版　第 5 刷

著者　安宅和人（あたか・かずと）

発行人　高野達成

発行　英治出版株式会社
〒 150-0022 東京都渋谷区恵比寿南
1-9-12 ピトレスクビル 4F
電話：03-5773-0193
FAX：03-5773-0194
www.eijipress.co.jp

プロデューサー　山下智也　杉崎真名（旧版）

スタッフ　原田英治　藤竹賢一郎　鈴木美穂　下田理
田中三枝　安村侑希子　平野貴裕　上村悠也
桑江リリー　石﨑優木　渡邊吏佐子　中西さおり
齋藤さくら　荒金真美　廣畑達也　佐々智佳子
太田英里　清水希来々

印刷・製本　シナノ書籍印刷株式会社

装丁　遠藤陽一（DESIGN WORKSHOP JIN, inc.）

校正　株式会社ヴェリタ

編集協力　ガイア・オペレーションズ

ISBN978-4-86276-356-3 C0030 Printed in Japan

恐れのない組織　「心理的安全性」が学習・イノベーション・成長をもたらす

エイミー・C・エドモンドソン著、野津智子訳、村瀬俊朗 解説

Googleの研究で注目を集める心理的安全性。このコンセプトの生みの親であるハーバード大教授が、ピクサー、フォルクスワーゲン、福島原発など様々な事例を分析し、対人関係の不安がいかに組織を蝕むか、そして、それを乗り越えた組織のあり方を描く。

THE HEART OF BUSINESS　「人とパーパス」を本気で大切にする新時代のリーダーシップ

ユベール・ジョリー他著、樋口武志訳、平井一夫 序文、矢野陽一朗 解説

人こそが、ビジネスの核心——。巨大企業ベスト・バイはどん底の最中、リストラでも事業縮小でもインセンティブでもなく、目の前の人とパーパスでつながることを選んだ。従業員、顧客、取引先、地域コミュニティ、そして株主と。稀代のリーダーがはじめて語る。

ティール組織　マネジメントの常識を覆す次世代型組織の出現

フレデリック・ラルー著、鈴木立哉訳、嘉村賢州 解説

次の組織モデルは、これだ——。上下関係も、売上目標も、予算もない!? 従来のアプローチの限界を突破し、圧倒的な成果をあげる組織が世界中で現れている。新時代の経営論として支持を集める待望の一冊、ついに日本上陸。

学習する組織　システム思考で未来を創造する

ピーター・M・センゲ著　枝廣淳子、小田理一郎、中小路佳代子訳

不確実性に満ちた現代、私たちの生存と繁栄の鍵となるのは、組織としての「学習能力」である。——自律的かつ柔軟に進化しつづける「学習する組織」のコンセプトと構築法を説いた世界100万部突破のベストセラー、待望の増補改訂・完訳版。

組織は変われるか　経営トップから始まる「組織開発」

加藤雅則著

「過去最高益」が相次ぐ日本企業。いまこそ、組織を——。自動車、医薬品、食品、金融など様々な業種・規模の会社を支援する著者が、実在企業をモデルにしたストーリーを交えて、日本企業の特性に合致した「経営トップから始める組織開発」を伝授する。

なぜ人と組織は変われないのか　ハーバード流 自己変革の理論と実践

ロバート・キーガン、リサ・ラスコウ・レイヒー著　池村千秋訳

変わる必要性を認識していても85%の人が行動すら起こさない——？「変わりたくても変われない」という心理的なジレンマの深層を掘り起こす「免疫マップ」を使った、個人と組織の変革手法をわかりやすく解説。

解像度を上げる　曖昧な思考を明晰にする「深さ・広さ・構造・時間」の4視点と行動法

馬田隆明著

「ふわっとしている」「既視感がある」「ピンとこない」誰かにそう言われたら。言いたくなったら。解像度が高い人はどう情報を集め、なにを思考し、いかに行動しているのか。スタートアップの現場発。2021 年 SpeakerDeck で最も見られたスライド、待望の書籍化！

仮説行動　マップ・ループ・リープで学びを最大化し、大胆な未来を実現する

馬田隆明著

大きく考え、小さく踏み出せ。思考・分析で満足せず、仮説とともに動き出そう。スタートアップ支援から見えてきた、起業や新規事業、質的に違う仕事を成功させるために必要な適切な一歩の踏み出し方とプロセスの全体像。

ロジカル・プレゼンテーション　自分の考えを効果的に伝える戦略コンサルタントの「提案の技術」

高田貴久著

正しく「考え」、正しく「伝える」ことで、「良い提案」が生まれる。現代ビジネスパーソン必修の「提案の技術」を明解なステップと臨場感あるストーリーで解説し、発売以来熱く支持され続けるロングセラー。「現場で使える」論理思考とプレゼンの技法がここにある。

問題解決　あらゆる課題を突破するビジネスパーソン必須の仕事術

高田貴久・岩澤智之著

ビジネスとは問題解決の連続だ――。日々の業務から経営改革まで、あらゆる場面で確実に活きる必修ビジネススキルの決定版テキスト。トヨタ、ソニー、三菱商事などが続々導入、年間２万人が学ぶ人気講座を一冊に凝縮。

異文化理解力　相手と自分の真意がわかる ビジネスパーソン必須の教養

エリン・メイヤー著　田岡恵監訳　樋口武志訳

海外で働く人、外国人と仕事をする人にとって、語学よりもマナーよりも大切な「異文化を理解する力」は、どうすれば身につけることができるのか？ 「次世代の最も有望な経営思想家」が生み出した異文化理解ツール「カルチャーマップ」をわかりやすく解説！

機会発見　生活者起点で市場をつくる

岩嵜博論著

いまよりいいものではなく、いままでにないものを生み出すためには、MECE や定量調査、分析・分解といった慣れ親しんだやり方とは真逆の考え方が必要だ。社会学×デザインシンキング×マーケティングから生まれた、「生活者起点イノベーション」実践ガイド。